流動的血脈

大運河文化透視

單霽翔 —— 著

民族流動的血脈

中國大運河由京杭大運河、隋唐大運河、浙東運河三部分構成，全長 3000 多千米，開鑿至今已有 2500 多年，是目前世界上最長的人工河，也是世界上開鑿時間最早的人工河。作為人類與自然共同創造的一項壯舉，大運河流經 30 多座城市，是構成海河、黃河、淮河、長江、錢塘江五大水系相連的水利大動脈，是中國歷史上南糧北運、商旅交通、軍資調配、水利灌溉等用途的生命線，對中國古代的全國統一和經濟、文化交流發揮了重大的歷史作用。

大運河涉及長江與黃河這兩個中國古代文化、文明的核心地區，連接著夏文化、商文化、楚文化、燕文化、齊魯文化等中國歷史上重要的文化區域，是古代人類生活集中、文化遺址密集的地區。可以說，大運河不僅是一條河，而且是一個涉及交通、水利、地理、歷史、生態等諸多方面的文化廊道。

習近平總書記指出，大運河是祖先留給我們的寶貴遺產，是流動的文化，要統籌保護好、傳承好、利用好。近 20 年來，文化界的許多有識之士一直在為大運河的保護奔走。2014 年 6 月 22 日，在卡塔爾多哈召開的聯合國教科文組織第三十八屆世界遺產

委員會會議上，中國大運河項目被列入《世界遺產名錄》。大運河申遺的成功，對於大運河文化遺產的保護起到了至關重要的作用。

說起文化遺產的保護，我經常想起與袁隆平院士的一段交往：2009年的時候，袁隆平院士給國務院領導寫了一封信，提到他做了37年雜交水稻的那片水稻田能不能列入全國重點文物保護單位。當時我很猶豫。因為在過去，古遺址、古墓葬、古建築、萬里長城這些作為文物保護單位司空見慣，但一片農田是否能列入文物保護的範疇？帶著這個問題，我去了湖南省洪江市安江鎮溪邊村的安江農校。這個地方在湘西，挺遠的，過了洪江還要往前走。最終我親眼看到了這片雜交水稻田和他們工作的一些裝備、設備、建築，保留得非常完整。更加令人感動的是，我去看了袁隆平院士當年住過的房間。院士就是在一個非常簡樸的房間裏面，一張很普通的木板床上，思考著一些未來人們生活生存的問題，取得了非常重要的成果。於是回來以後，我們給國務院寫了一個報告，建議把這一片水稻田列入全國重點文物保護單位，獲得了國務院的特別批准。一年以後，我們又去了安江農校，我有幸與袁隆平院士一起為安江農校紀念園揭牌。在會議發言的時候，我說，袁隆平院士為人類做出的貢獻、為中華民族做出的貢獻，是有目共睹的。他解決了我們糧食的問題。我過去務過農，過去畝產四五百斤就已經很高了，今天超過了一千斤。民以食為天嘛！但是一位哲人說過一句話：當人們吃不飽肚子的時候，他只有一個煩惱；吃飽肚子以後，他會產生出無數的煩惱。也就是說，袁隆平院士能解決人們生存的問題，卻不能解決生活方面面的問題。什麼能解決複雜的生活問題呢？我認為是文化。通過雜交水稻田成功列入保護項目，我們得到了重要的啟示，即不但

要保護「靜態的」文化遺址，還應該關注那些「活態的」文化遺產。

現在的大運河，儘管仍然具有重要的運輸功能，在江南地區仍然是社會經濟生活中的重要組成部分，但從更寬廣的視角看，大運河最重要的意義就是文化上的意義。這條縱貫中華大地的人工河流，哺育了兩岸人民，是億萬人共同的精神家園。

如果說長城是中華民族堅挺的脊樑，那麼大運河就是我們民族流動的血脈。在這一撇一捺大寫「人」字的兩側，西側有陸地絲綢古道，東側則有海上絲綢之路，像腰間的彩帶飄展開去。正是這樣一個脊樑堅挺、血脈流暢、交流開放的「人」，生動地體現出中華民族進步與發展、交流與對話的文明歷史。

就我個人而言，首次在全國政協會上發起大運河保護提案是2003 年，當時我還擔任國家文物局局長。與我剛開始關注大運河、接觸大運河的資料、為大運河申遺奔走時相比，現在人們對於大運河文化遺產的認識已經發生了天翻地覆的變化。大運河沿線的許多城市，都陸續把運河遺產當成寶貴的文化資源，予以研究、保護和利用。運河兩岸的城市，經濟活躍，文化底蘊深厚，是中華民族最值得珍惜的一個城市群落，我個人對大運河文化遺產的未來充滿了信心。同時，我也一貫堅持文化遺產保護要實現三個目標：要使我們保護的文化遺產擁有尊嚴；要使我們的文化遺產促進經濟社會發展；要使保護成果惠及廣大民眾，特別是當地的民眾。

很高興能夠再次把大運河的故事講給更多的讀者聽，也期待有更多的人，特別是年輕一代，能夠把目光投向大運河，有更多的有識之士能夠投身大運河的研究、保護和利用中。

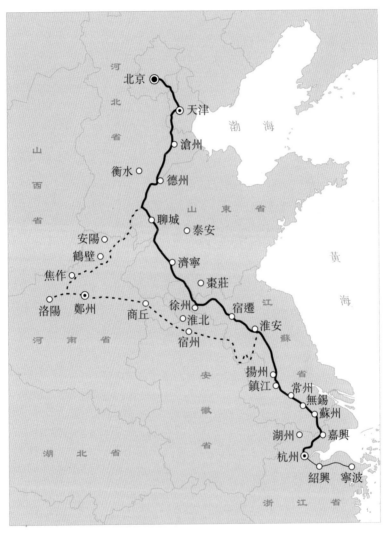

河
北
省

山
西
省

北京

天津

滄州

衡水

德州

聊城

泰安

濟寧

棗莊

安陽

鶴壁

焦作

洛陽

鄭州

商丘

徐州

淮北

宿州

宿遷

淮安

揚州

鎮江

常州

無錫

蘇州

湖州

嘉興

杭州

紹興

寧波

渤 海

黃 海

山 東 省

河 南 省

安
徽
省

湖
北
省

江 蘇 省

浙 江 省

江

━━━ 京杭大運河   - - - - 隋唐大運河   ─── 浙東運河

◉ 首都   ⊙ 省級行政中心

中國大運河分佈圖

目錄

下篇 運河文化物事

貫通南北的文化樞紐

上篇

一

大運河漂來紫禁城

兩千餘年來，大運河以其溝通南北、漕運貨運的
強大功用，孕育了沿岸各城市文化。對於終點北
京、對於紫禁城來說，尤其有著特別重要的意
義。我常說，紫禁城是大運河上漂來的，許多媒
體也喜歡引用這句話。事實上，在紫禁城建造初
期，大量的建造材料、工匠都是順著大運河運到
北京的；大運河上漂來的糧食等物資，為紫禁城
作為皇宮的運營提供了物質支持；包括康熙、乾
隆皇帝在內的統治者，多次順著大運河南下，吸
取他們需要的文化；還有更重要的，大量的人
才、獨具特色的各個地區的文化，通過大運河源
源不斷地進入了京城。從某種程度上說，整座北
京古城都是從運河上漂來的。

中國的傳統建築主要以夯土牆、磚石牆和木結構為主體，因此磚瓦與木料用量極多。尤其是對於有大小宮殿 70 多座、房屋 9000 多間的紫禁城來說，假若沒有這條大運河，想必建築用料就只能就地取材，肯定不會像實際營造過程中那樣從五湖四海挑選更有質量保證的材料，並輸送到北京建成紫禁城了。

紫禁城的營造用材中，最難採集和運輸的首推石料。比如天安門前的華表、金水橋、紫禁城各大殿台基、石階、護欄和各種雕飾等都是用漢白玉製作的，因此石料用量非常大。漢白玉這種白色石料的產地多集中在北京西南郊的房山、門頭溝等地，花崗岩則來自離北京 200 千米之遙的河北曲陽。在明清時期，遠距離運送巨大而沉重的石料確非易事。於是聰明的工匠想出了旱船滑冰的辦法，即在沿路打井，取井水潑在地上，結成冰，再將石料放在冰上，以人力拉拽前進。這雖然不是運河運輸，卻也是仰仗「滴水成冰」的特性，堪稱人與自然相處過程中形成的智慧。

故宮三大殿南北兩面都有巨大的丹陛石，這些丹陛石都由漢白玉雕刻而成。其中保和殿後的丹陛石由整塊巨大的漢白玉雕刻而成，長 16.75 米，寬 3.07 米，厚 1.70 米，重達 250 噸，是紫禁城中最大的一塊，也是中國最大的一塊。上面刻著 9 條吞雲吐霧、威嚴赫赫的神龍，石雕下則有 5 座流雲水紋的寶山，石雕周圍刻有精美的大花紋，故稱「雲龍石雕」。這塊可以說是前所未有的宮殿用巨石料，從開採到運送到紫禁城，耗費了極為龐大的人力物力。僅僅是從山中開採這一項，就徵用了 1.6 萬人。至於在運往京城的漫長道路上，因為要創造出潑水成冰道的效果，官府更是動用了大量人力物力，周轉騰挪。運送動用了兩萬餘民工、千餘頭騾子，運送方式是每一里挖一口井，然後從這一路上

的 140 多口井裏汲水，利用隆冬嚴寒潑水於路，形成厚厚的冰道，用粗大的繩索在冰道上拖曳巨石前行。就這樣一路喊著號子，熱火朝天地用了 28 天運到京城。

在明初修建紫禁城時，備料工作持續了近 10 年，各地的石料、木料被採集、輸送到北京後，現場施工才大規模地開始。把備料和現場施工加在一起，前後歷時 13 年，紫禁城方才建成完工。與產自北方的石料相比，巨大木料的運輸過程注定更加曲折，因為這些珍貴名木木質優良、不易變形和開裂、易加工、耐腐朽，大多產自西南地區的崇山峻嶺中，經過千辛萬苦才能砍伐、運輸到山溝，再編成木筏，等待雨季漲水時推入江河，沿流北上。這些名貴木材在沿路有官員值守，從不同的砍伐地點到北京，短則兩三年，更長久的要四五年。有些木料在長途運送過程中不慎滑入漩渦，年深日久，便能形成所謂的「烏木」。比利時耶穌會士金尼閣整理翻譯利瑪竇的意大利文日記而成的《利瑪竇中國劄記》中，曾提到過紫禁城宮殿建築修繕所需木材的運輸方式。書中提到，人們通過運河把大量的木料運到京城，用於皇宮的建築和修繕。運河沿岸幾千名縴夫步履艱難地拖著一根根大樑紮成的長蛇般的木筏，後面還拖著其他木料。他們有的一天要走 5 千米路。木料來自遙遠的四川省，運到京城有的需要兩三年。每根大樑要耗 3000 兩銀子，有的木筏長達一千米。

在北京通州至今尚存的磚廠、皇木廠等地名，就是因儲存「金磚」、皇木等建築材料而得名。通州張家灣鎮皇木廠村還遺留下幾十塊重達數噸或數十噸的花斑石。通州三教廟還陳列著在運河出土的 10 餘米長的千年皇木。

青磚來自臨清

　　建造紫禁城所用的青磚，來自山東臨清，這在故宮博物院的官方網站上有一些專門的介紹。

　　《天工開物‧陶埏》裏有明確的記載，建造紫禁城所用的磚，大多來自山東臨清。其實明清兩代修建的明十三陵和清東陵、清西陵等皇帝陵寢用的磚以及南新倉等大型糧倉所用的磚，也與紫禁城的磚一樣來自臨清。臨清磚官窯建於明永樂初年，清代延續使用，至清代末年廢置。

　　明永樂四年（1406 年），成祖朱棣為遷都而下令營建北京城，開始大興土木。山東、河南、直隸（今河北）等省均建窯燒磚，並在臨清設工部營繕分司，專司窯廠的修建和貢磚的燒製。臨清是京杭大運河鑿通之後運河航運的樞紐之一，運輸便利，而且土質尤其適合製磚。所以臨清磚官窯都分佈在運河沿岸，從今臨清市西南部約 15 千米的東、西吊馬橋到東、西白塔窯，再到東北部的張家窯，最後延續到臨清東南部的河隈張莊，總計延續 30 餘千米。據記載，明清時期臨清有官窯 192 座，一座官窯有兩個窯口，所以用來燒貢磚的窯就有 384 口。有些窯口分佈十分

稠密，如東、西吊馬橋到東、西白塔窯，不到 10 千米內就有窯址 72 處，有的窯址間僅相隔 20 多米。

臨清貢磚有著「敲之有聲，斷之無孔，堅硬苗實，不鹼不蝕」的評價，可見其質地之緊密。如此質地優良，與當地的土質有很大的關係。臨清地處黃河沖積平原，黃河帶來的大量泥沙沉積於此，形成了細膩而富含鐵質的沙土。由於黃河多次氾濫，在當地留下了多層沙土。黃河氾濫、退去、再氾濫，久而久之，當地就形成了一層沙土一層黏土的土壤結構。沙土呈現出淺黃色甚至是白色，黏土則呈現為較深的赤褐色，白褐相疊，如蓮花瓣一樣清晰，因此被當地人稱為「蓮花土」。另外，燒製臨清貢磚用的水是漳衛河（又稱衛運河，是海河支流衛河與漳河匯合而成）裏的水，清澈無雜質，俗稱「陽水」。用陽水和著蓮花土燒製的磚異常堅硬。臨清貢磚抗壓強度（硬度指標）比現在的普通磚高很多。經專業測試，臨清舍利寶塔上的臨清古磚比一般的石頭還要堅硬。

臨清磚的品質有保障，用今天的話來說，其生產過程是可以追溯的，許多磚上都清楚地印刻著匠人、作頭和窯戶的名字。而在貢磚的官窯裏，分工也十分精細，今天我們還可以在臨清市博物館看到刻印有「大工」、「內工」、「壽工」等字樣的各式貢磚，這是供給太和殿、天壇用的。除了上述三種人，還有專門從事挖土、推土、篩土、濾泥、踩泥、裝窯、出窯、搬柴、燒窯、擔水、在敲驗過的磚上包紙的工人，甚至還配備有運磚到運河碼頭的運磚工人。

明清兩代，臨清磚窯在朝廷和官府的管控下，在對質量嚴格把控、能做到層層追責的前提下，形成了一套嚴格的技術操作規

程，其程序和環節極為繁瑣複雜，如要經過選土、碎土、過篩、熟土、養泥、醒泥、製坯、晾坯、蓋戳、裝窯、焙燒、出窯、初檢、複檢等。正因為這些環節每步都要做到，每步都要精益求精，不敢馬虎，而且每一步稍有疏忽產生質量不過關都能追溯到源頭，因此即便是一個效率很高的熟練工匠，每天也只能脫 400 塊磚坯。如此複雜的工序與嚴格的生產制度，保證了貢磚的質量。在這套工序的嚴密把控下，每一批磚從進窯開始都要用猛火晝夜不停地燒足一個月，才能出窯。

北京城的營建長年不斷。據乾隆五十年（1785 年）張度纂修《臨清直隸州志》載，朝廷每年要在臨清徵城磚百萬。除了城磚，臨清磚窯燒製的貢磚還有斧刃磚、線磚、平身磚、望板磚、方磚、券磚等 10 餘種。據測算，臨清貢磚最繁盛時年產量在 1000 萬塊以上。

燒製好的貢磚要逐一檢驗。負責驗收的工作人員主要依靠「敲」和「看」。檢驗後，顏色白，質地堅硬，叩擊有聲的才能入選。每塊合格的成品磚都要用紙包好，才能裝運上船。貢磚解送到天津後還要重新敲驗，那些敲不出聲音的磚或者有其他質量問題的磚，就會被挑出來儲存在天津西沽廠。乾隆十四年（1749年）王俊修、李森纂修《臨清州志》記載：「磚價每塊給工價銀二分七厘；如挑出啞聲者，每塊變價銀一分七厘；不堪用者每塊變價銀一厘七毫。」這樣經過天津的再次檢驗，基本可以保證進了北京城的貢磚，個個都質量過硬。

不管水路還是陸路，凡交匯之處，運輸必然特別繁忙。會通河與漳衛河在臨清交匯，所以臨清在大運河時代是扼守南北漕運咽喉的要津，也是大運河沿岸重要的水陸交通樞紐。乾隆五十年

《臨清直隸州志》中說臨清「西北控燕趙，東接齊魯，南界魏博，河運直抵京師，水陸交沖，畿南一大都會也」。臨清貢磚的運輸在明初是搭乘運糧的漕船北上，後來逐漸有其他航船運輸貢磚。永樂三年（1405年）規定，每一艘「百料」規模的漕船，要帶磚20塊。到了天順年間（1457–1464年），每艘運送漕糧的船路過臨清時要帶磚40塊，嘉靖十四年（1535年）更增加到每艘漕船帶120塊、民船每艘帶12塊。可見，明代北京城的營建規模在逐步擴大。當時商船帶磚料帶有一定的強制性，是船家的義務，如有損失，還要責令帶運者賠償。

「金磚」產自太湖

　　故宮的金碧輝煌讓百姓嘆為觀止，於是坊間有了「紫禁城的地都是用金磚墁」的傳言，說皇帝用金磚鋪地。還有一種解釋，是說蘇州的陸慕磚窯所生產的這種地磚質量上乘，博得永樂皇帝的稱讚，窯場被賜名為「御窯」。這種磚是專供京城的，所以在當地被稱為「京磚」，在吳語中「京」與「金」讀音沒有差別，「京」字後來逐步演化為「金」字，故稱為「金磚」。這種說法是否與真實的情況相符合，已經不可考，但「金磚」一詞象徵著財富與權力，在民間更容易傳播，則是不爭的事實。

　　其實所謂「金磚」，就是專供宮殿等建築使用的一種高質量的鋪地方磚。這些「金磚」產自蘇州、松江等地，選料精良，製作工藝複雜，從選土練泥、踏熟泥團、製坯晾乾、裝窯點火、文火燻烤、熄火窨水到出窯磨光，往往需要一年半到兩年時間。磚成後由水路運至北京。因其質地堅細，敲之若金屬般鏗然有聲，故名「金磚」。

　　「金磚」之所以產於蘇州、松江等地，是因為這種磚所用的泥是太湖泥，而且其土質須黏而不散，粉而不沙。

許多媒體上都介紹説，這樣一塊磚製成要 720 天。當年有「一兩黃金一塊磚」的説法。同作為皇家貢品的臨清貢磚一樣，蘇州「金磚」的燒製工藝也在「皇家專用」的大帽子下，不得不極為複雜繁瑣、精細講究。臨清貢磚要選當地特有的蓮花土，「金磚」選用的是陸慕「所產乾黃作金銀色者」的黏性土，取的是三四米深的生土或漿泥，接下來要經過掘、運、曬、椎、漿、磨、篩七道工序，其精細程度堪比以繁複細膩工藝著稱的蘇州麵點。不僅如此，土選好後還要置於露天風乾一年，以去其「土性」，使其無板結硬塊，質地細密。然後注水化成泥漿，再讓牛群反覆踩踏，這樣不僅能去掉泥漿中的氣泡，還能增加泥漿的黏稠度，形成泥團。這時，泥團無論質地還是黏稠度都達到一定標準，但是還要用人工進行反覆摔打，進一步去氣、增稠。最後，把泥放在陽光下曬乾曬透，再磨成細粉，過篩而得到製磚用的純土。此後再注水和成沉重黏稠的泥團，入金磚模具，蓋上面板，再用人工在板上反覆踩踏，進一步踩得瓷實，達到無可再踩的程度。這樣才稱得上是製成了最初的磚坯。下一個環節就是磚坯陰乾 7 個月以上，經嚴格檢測後入窯燒製。到了燒製這最關鍵的環節，仍然是不惜工本，精益求精，因為稍有失誤就會毀掉一整窯磚。在明代要先去潮，要文火燒製，用穀糠陰燃燻製整整一個月；磚坯脫水再用劈成的片柴燒一個月，最後用松枝燒 40 天，才能出窯。這漫長的工期全憑燒窯工的經驗隨時觀察火候，及時去灰換柴，因此對窯工的要求非常高。出窯後，還要履行嚴格檢查手續，一旦發現有 6 塊達不到「敲之有聲，斷之無孔」的要求，那麼整窯的磚都作為廢品處理。所以在明代，蘇州「金磚」從取土到出窯長達兩年。到了這一步還未完結，出窯後只能算是

半成品，還要用桐油浸泡，直到磚表面呈現光澤，再精心切片、打磨，才算最後製成。

經過如此複雜程序做出來的地磚，雖然不是什麼「金磚」，但也確實光潤如玉，而作為地磚，不滑不澀，相當合適。因為它們的製作工藝太複雜，因此即便是在紫禁城也不是處處都見「金磚」，而只有太和殿、中和殿、保和殿的地板鋪上了「金磚」。這些大方磚上有明永樂、正德與清乾隆等年號以及「蘇州府督造」等印章字樣。為防止偽造，每一塊「金磚」背面還有工匠的名字。

「金磚」的運輸，當然也是依靠運河上的航運。明代永樂年間（1403-1424年）為遷都北京而興建皇城，來自各省的城磚、「金磚」，經過大運河絡繹不絕地運到北京。運輸時用的是南北漕運的糧船，經過漫長的水路，抵達北京。為此，當時的京郊運河兩岸建了不少搬運碼頭。工部為便於裝卸、搬運和儲存，又在附近設置磚廠，派專人負責驗收、保護和轉運。這樣久而久之，從碼頭到磚廠到附近的配套措施，人煙輻輳，逐漸形成了自然村落。因為人們基本上是以磚廠為中心聚集在一起的，於是乾脆以「磚廠」命名村莊。如通州區梨園鎮的磚廠村，就是明代運河中碼頭（土橋村）旁存放南方所造城磚的地方；通州區永順鎮的金磚廠，則是明代後期與清代存放南方所造官府墁地磚的地方。

今天，當我們走進故宮，走進十三陵之一定陵的地宮，可以看到鋪設的「金磚」仍完整無損。追溯「金磚」的「來時路」，不能不讓人想起這條在中國大地上默默流淌了2500多年的中國大運河。

「神木」匯集通州

事實上，自從忽必烈下令鑿通京杭大運河後，元明清時期，南方各省的糧食和營建北京城的物資，均由京杭大運河運至通州，部分儲存在通州，部分由通州轉運至京城及其他地方。繁盛之時，運輸船隻綿延十幾、數十千米，在通州東門外運河上形成「萬舟駢集」的盛景。「潞河為萬國朝宗之地，四海九州歲致百貨，千檣萬艘，輻輳雲集，商賈行旅梯山航海而至者，車轂織絡，相望於道，蓋倉庾之都會，而水路之沖達也。」（《日下舊聞考》卷八十八）

顧名思義，「皇木」指皇室用木料，即皇宮、皇陵和藩王府的建築用木。至於所謂「大木」、「神木」，則是指如前文提到的保和殿丹陛石般尺寸巨大者。明代從洪武年間（1368–1398 年）就開始在長江上游地區採伐高大的楠杉，用於北京、南京等地宮殿、陵寢、祭壇的主題立柱和重要木樑，此後直到清代，在 500 多年內形成了一套完整的皇木採辦制度，涵括了採辦形式、採木過程及大木的運送、儲存和利用等多方面。皇家用木跋山涉水被運送來後，其儲存場所就自然而然地被稱為「皇木廠」了。

據《大明太宗文皇帝實錄》記載:「工部尚書宋禮言,有大木數株,不藉人力,一夕出天谷,達於江,蓋山川之靈相之。賜其山名神木山,遣禮部郎中王羽祭之,且建祠立碑。命翰林院侍讀胡廣製碑文。」曾任內閣首輔、文淵閣大學士的胡廣作《神木山神祠碑文》。文中寫道:「永樂四年,工部尚書臣(宋)禮取材於蜀,得大木於馬湖府,圍以尋丈(指八尺到一丈之間的長度)計者若干,逾尋丈者數株,計庸萬夫力乃可以運,將謀刊除道路以出之。一夕木忽自行,達於坦途,有巨石巉然當其衝。夜聞吼聲如雷,石劃自開,木由中出,無所齟齬。度越險岩,膚寸不損。所經之處,一草不掩。百工執事,顧視讙嘩,踴躍交慶。事聞廷臣,稽首稱賀。謂聖德所致。」巨大的木頭在水中劈開石頭可謂世界之奇觀,這些乘風破浪的大木頭於是被奉為「神木」,接收這些「神木」的地方就被稱為「神木廠」。明代兵部右侍郎何士晉在成書於萬曆四十三年(1615年)的《工部廠庫須知》中記載:「先朝營建時,有巨木蔽牛浮河而至,疑為神木,廠遂得名。地在城外,以便灣廠輪運。」

　　根據一些專家的考證,明代在北京設有儲存皇木的大廠,主要有如下幾處:一是「山西兩廠」在朝陽門外,指山西大木廠與台基廠;一是神木廠,在崇文門外,也就是現在東城區東花市大街一帶,此外還有東直門外、廣渠門外、東便門外、沙窩門外等說法。現廣渠路附近的雙井轄域仍有「黃木廠(場)」地名,乃是從「皇木廠」而來。

　　在通州,有六七百年歷史的神木廠遺址也曾是儲存皇家用木之地,乾隆曾作《神木謠》並在此立神木碑。近年來,在有關部門推動下,神木廠歷史景觀復建地點設在通惠河南岸的慶豐公

園內，與北側的慶豐閘遺址相對。按照設計，這處歷史景觀的修復建設主要分為三大部分，分別是在神木廠遺址建設神木保護廊房，並在廊房西側建設《神木謠》御碑碑亭，南側建設皇木博物館，展示金絲楠木和大運河漕運等有關歷史文化。

乾隆帝曾兩次寫詩讚頌「神木」。一次是乾隆八年（1743 年）所作《神木行》，其詩前小序為：「黃木廠有巨木，長六十尺，其圍臥地蔽騎者，弗相見也。土人稱曰神木。相傳明初建北京時自南方輦致之，以其不中繩墨，故弗用。其皮膚因年久剝蝕，視昔為猶減云。」一次是乾隆二十三年（1758 年）作《神木謠》，詩中有「遠辭南海來燕都，甲乙青氣鎮權輿」之句。現存古跡《神木謠》碑，通高 2 米，寬 1 米，厚 0.6 米。碑陰為《神木行》（原詩在《皇清文穎》中也有記載），碑陽為《神木謠》。

目前，關於通州歷史文化方面的研究不少，大都集中在某一方面，如漕運、文物、非物質文化遺產、名人、文學等。隨著北京城市副中心建設步伐的加快，北京市級機關、部門正式入駐通州，未來將會有越來越多的人來到通州、了解通州。

珍寶的「北漂」

除了磚石木料，南方還有不計其數的珍寶通過大運河源源不斷運往北京。這其中，蘇州是一座比較有代表性的城市。北京城從物質的方面到非物質的方面，再到人才，都與蘇州有著千絲萬縷的聯繫。

在物質方面，從皇家的衣食住行，再到文化娛樂，無不與蘇州有關。衣著衣飾方面，蘇州織造為紫禁城提供了最好的絲綢；飲食方面，蘇州香米、鱘魚、碧螺春茶、枇杷果等蘇式風味在宮中受到持續青睞，蘇宴的出現更是皇家飲食受蘇州影響的直接產物；居住方面，蘇州園林對紫禁城中各大花園的影響，對圓明園、頤和園等皇家園林的影響有目共睹，蘇州製造的「金磚」至今還鋪設在紫禁城的主要宮殿之內；出行方面，紫禁城因條件所限，不能乘船，但是在西苑三海、三山五園的皇家遊船都是模仿蘇州式樣；文化娛樂方面，起源於蘇州的崑腔在道光、咸豐以前一直是紫禁城中最流行的劇種，蘇州刻印的書籍因刻工精美，而在紫禁城中一直最受歡迎。其他如蘇州的玉器、雕漆、刺繡、鐘錶、文房用品等，無一不在紫禁城中受到歡迎，例如蘇州玉雕在

故宮博物院藏品中數量可觀。康乾二帝十二次下江南，每次都在蘇州停留的時間最多：虎丘的塔影，鄧尉山的梅花，上方山的寺院，無不見證了康乾二帝遊玩的足跡。

在非物質方面，蘇州的香山幫工匠從建造紫禁城時起就是紫禁城建築最重要的一支維護力量；蘇州的吳門畫派曾改變了清宮畫院的繪畫風格；蘇州手工業工匠的高超技藝，細膩入微的風格讓紫禁城中的皇帝甚為傾倒，皇帝經常把造辦處不能生產的東西交給蘇州工匠來做，這就是著名的「蘇工」。2003–2008 年，故宮博物院倦勤齋修復工程中的「雙面繡」工藝就出自蘇州。

物質與非物質之外，人才也是江南與紫禁城聯繫最緊密的一部分。江南的人才，在全國來說，有兩類最具特色：一是狀元，二是美女。紫禁城的正門午門，共有 5 個門洞，其中最中間的一個為皇帝專用，他人擅用則視為僭越行為，有欺君之罪。但有一個例外，就是殿試結束之後，金榜題名的狀元、榜眼、探花三人可以從這個皇帝專用的門洞走出午門，在當時這是莫大的榮耀。而當時江浙一帶的會試通過率很高，應該是殿試前三名人數最多的地區。清代的皇帝是滿族，不與漢人通婚，選秀女時僅限於八旗閨秀，這是特例。但是明代的時候，蘇州美女就出了不少「風頭」。崇禎皇帝的一位皇后、兩位貴妃中，就有兩位來自蘇州。又如蘇州美女陳圓圓藉選美入宮，雖然沒有得到崇禎皇帝的恩寵，卻成了那個天翻地覆時代的「禍水紅顏」。紫禁城與蘇州有著深厚的交流基礎，皇家文化與江南文化被歷史交織在一起，不可分割，而大運河無疑是這兩種文化交織的紐帶。

查閱清宮檔案可以發現，乾隆朝以後，大量器物經過宮廷設計樣式後，交由蘇州織造製作。實際上不僅如此，器物的修

補、做舊工作同樣由蘇州本地的匠人承擔。乾隆三十年（1765年）以後，蘇州儼然成為造辦處以外最大的宮廷御用品生產、加工中心。過去學術界僅僅注意到玉器、雕漆器等一兩類器物的製作與蘇州相關，而尚未意識到蘇州在御用品修補、做舊方面發揮的重要作用。在玉器製作方面，乾隆時期（1736–1796年）被選送到造辦處的地方玉工基本上都來自蘇州。他們一方面將長期積累起來的蘇州成熟的製玉技術帶到北京宮廷，通過日常的技術諮詢或有組織的人員培訓等方式，將所掌握的製玉技術逐漸滲透到宮廷。通過他們，北京宮廷和蘇州在製玉技術方面充分融合，提高了北京宮廷的製玉技術水平，為造辦處玉器製作提供了技術保障。另一方面，他們也是宮廷玉器製作最主要的技術力量，承擔了相當大的宮廷玉器的製作任務。從玉料的揀選、樣稿的設計到玉器的琢製，都有技藝高超的蘇州玉工參與。在造辦處服務的蘇州玉匠從無間斷過，他們中有的在宮廷服務長達 20 年之久。

在硯台方面，內務府造辦處的硯匠由蘇州織造選拔後送入京城。除此以外，乾隆年間的蘇州織造還承擔了部分硯台的製作、做舊及修補工作。在瓷器方面，檔案記載，蘇州織造自乾隆三十三年（1768 年）開始承辦陶瓷器的修補工作，以宋元明三代的珍貴瓷器為主，涉及打磨、鑲燒古銅口、黏補破損處及作色等技術。瓷器的打磨源於琢玉工藝，命蘇州織造承擔該項工作，應該與當地高超的製玉技術存在必然聯繫。另外，自元、明以來，蘇州的書畫創作在美術史上佔據了越來越重要的地位。尤其是明代中期吳門畫派依託蘇州地方經濟的繁榮而崛起，成為當時文人畫發展的主流。吳門畫派的書畫作品不僅是乾隆御府的重點收藏對象，也是故宮博物院藏品的重要組成部分。據統計，故宮

博物院藏沈周繪畫 167 件，書法 53 件；文徵明繪畫 134 件，書法 46 件；唐寅繪畫 85 件，書法 40 件；仇英繪畫 105 件。如果加上其他吳門畫家如杜瓊、劉珏、文嘉、文伯仁、陳道復、陸治、謝時臣等的書畫作品，其數量更大。

我們曾經做過統計，故宮博物院目前藏有 180 多萬件（套）藏品，其中許多與蘇州有著密切的關係。一是織繡類。故宮博物院織繡類藏品數量龐大、品種豐富，共有 18 萬件（套），其中所藏成衣、袍料、匹料、條帶、活計以及織繡畫多為江南地區織造所成產品，但是由於歷史原因，很多織繡品失去了產地標識印記。我到故宮博物院工作以後曾組織整理過，織繡材料庫中匹料完整且帶有蘇州織造款識的就有 3291 件，包括自乾隆至光緒朝 30 餘位織造臣的機頭名款，其中以晚清同治、光緒時期居多。二是家具類。江浙一帶生產的家具為蘇作，蘇作以黃花梨木為主，清代康熙、乾隆兩朝均受到影響。故宮博物院藏蘇式黃花梨家具 200 多件。據記載，宮中外東路符望閣、倦勤齋、延趣樓、遂初堂、萃賞樓、景福宮等多處的室內裝修及部分家具，就是江浙一帶工匠製作，當時應有很多蘇州工匠供職於紫禁城內。

在紫禁城 600 年的歷史中，紫禁城與蘇州的聯繫，毫不誇張地說，比北京之外的任何一座城市都要多。這是因為江南文化與經濟結合得比較緊密，科技含量高，審美形態也十分明顯，江南文化很講求圓融與和合，善於博採眾長。這些都已經深深地融入皇家文化以至中華文化的主脈中。

明清製磚

◎ 明代磚瓦燒造

明代磚瓦燒造工作隸屬於工部營繕司。洪武二十六年（1393
年）規定，凡南京營造需用磚瓦，於聚寶山置官窰燒造。永樂
初期，為營建北京，工部設臨清磚廠、琉璃廠（在今北京和平門
外）、黑窰廠（在今北京左安門外）等官窰，分別燒造城磚、琉
璃瓦和一般磚瓦。此外，河南、山東以及北直隸河間諸府均於運
河沿岸建窰燒磚。明代中期以後，近京及南直隸蘇州等處皆建有
磚廠。應天、池州、太平、蘇州、松江、常州、鎮江各府，都曾
專門派官選拔技術熟練的工匠燒造磚瓦，並徵用臨清有窰處所，
召商燒造。萬曆二年（1574 年），武清縣自立窰座，每年燒造城
磚 30 萬塊，每塊給價銀二分二厘。

◎ 明清磚——品種、工序和分類

《營造法式》是中國現存時代最早、內容最豐富的建築學著
作。這本著作對磚的品種規格有較系統的記載：磚可分為方磚、
條磚、壓闌磚、磚硨、牛頭磚、走趄磚、趄條磚、鎮子磚共 8

種。其中牛頭磚用於砌拱券，走趄磚和趄條磚用來砌城壁表面。明清磚的品種少，主要有條磚、方磚兩種。方磚用於墁地，條磚用於砌牆。但明清磚的規格較多。最大城磚長一尺四寸七分，最大鋪地方磚邊長二尺四寸。

明清製磚一般經過 7 道工序：①亮（晾）土、漚泥。②踩泥，摔打。③造坯。④亮坯。⑤裝窯。⑥燒窯。⑦洇青。

明清時期，磚的做法與近代基本相同。所製的磚按製坯的精粗，可分 5 種：①糙磚。用黏土加水拌和摔打，悶一夜之後即可製坯。這種磚質地粗糙，多用在混合牆和基礎工程中。②砂滾磚。為避免黏土在速乾時產生裂縫，以乾砂附著在土坯的表面後燒製而成，清代晚期用砂質黏土製的磚又稱「砂滾磚」或「砂板磚」。③停泥磚。把泥漿存放較長的時間（經過凍和曬）再行製坯上窯。這種磚質地較細；大型停泥磚尺寸與大城磚相同，稱「停城磚」。停泥法還用於製作其他規格的磚，如停泥方磚等。④澄漿磚。沉澱砂礫，澄出上部的細泥漿經過晾曬減去水分後造坯。這種磚的質地細密，能做磨磚對縫的牆面和地面。用澄漿法還製作其他規格的磚，如方磚、大城磚、斗板磚等。明代臨清附近生產的澄漿城磚質地最佳，稱為「臨清磚」。⑤金磚。產於蘇州，也稱「京磚」，在明代是專供宮殿室內鋪墁地面的大型方磚，質地極細密。在製造過程中，除各道工序工作更加仔細外，晾曬泥土須經一冬一夏，製成磚坯後用油紙包封嚴密，再陰乾一年，然後入窯。燒成磚後要逐塊檢驗，表面要光潔無疵，而且敲擊時有金屬之聲，因此得名金磚。

運河建設與河岸風光

中篇

二

千里地無山

京杭大運河、隋唐大運河和浙東運河構成了今天大運河文化遺址的主脈，而這只是大運河最簡潔的提法。中國人開鑿運河的歷史可以追溯到春秋時期甚至更早。利用人工開鑿或疏浚的河道溝通不同的水系，使之滿足灌溉、運輸等方面的需求，是一項古老的生產活動，可以追溯到久遠的上古年代。相傳大禹治水時就集中採用「疏」法，根據地勢高低、水流緩急等情況來疏通天然河道，最後引水入海。後世進一步按這種引導的原則開挖運河，以利通航。

邗溝：最古老的運河

公元前 11 世紀殷商末年，周部落首領古公亶父之子泰伯、仲雍為了讓父親能順利地將王位傳給季歷及其子姬昌（後來的周文王），從北方遷居到江蘇無錫的梅里，築城建國。泰伯在這裏建立的國，就是吳國，所以泰伯也被稱為「吳太伯」，他是吳國的第一位國君。泰伯擅於治水，他率領當地民眾開鑿河流，這裏的人民迅速過上了富足的生活。泰伯所開的人工河後來被稱為「泰伯瀆」（今伯瀆河），它溝通蘇州、無錫，當時的作用主要是灌溉和洩洪。元末《無錫縣志》記載了泰伯瀆「長八十七里，寬有二丈」，這條古老的河渠至今仍是大運河的一條支流。

此外，周敬王十四年（前 506 年），吳王闔閭為討伐楚國，命伍子胥開挖了從蘇州直通太湖的河道（也有人說是疏浚了原有的運道），這條河道以伍子胥的名字為名，叫作「胥河」（胥溪）。胥河源出南京高淳固城湖，經宜興、溧陽，在蕪湖注入長江，全長 100 多千米。

江南地區素來號稱「水鄉」，水源豐富，河汊密佈。到春秋時，開鑿人工河流用於運輸就已經不是什麼新鮮事了。當時吳國

在吳越爭霸中勝出，為了加強對越國地區的控制，開鑿了「山陰故水道」。這條在沼澤地上開鑿的水道，西起今天紹興城東的東郭門，東至今紹興上虞區東關街道的煉塘村，全長 20 餘千米，是浙東運河的前身。

周元王三年（前 473 年），越王勾踐令越國大夫范蠡開鑿了溝通太湖、漏湖之間的運河，名為蠡河。《宋史．河渠志》中記載在南宋淳熙九年（1182 年）時，「其南曰西蠡河，自宜興太湖而下，止開浚二十餘里」，當時的官員認為，如果能把這條河開鑿得更深更闊，引太湖水入漕渠約 85 千米（170 餘里），可以免除浚治之擾。運河是運輸的渠道，同樣也是維持統治的命脈，越王勾踐臥薪嘗膽滅吳之後，為了加強對昔日吳國領地的控制，又開鑿了一條從吳淞江到蘇州的人工河渠——通江陵道，全長約 30 千米。在古漢語中「陵」就是「陸」，通江陵道，便是水陸並行，這種交通結構尤其利於行軍，也成為後來江南運河平望至蘇州段的基礎。直到今天，平望鎮至松陵鎮的水陸交通還保持著並行的格局。

楚威王七年（前 333 年），楚威王興兵伐越，殺了越王無疆，將江浙一帶盡收入楚國領土。同樣是河湖眾多的楚國繼續在江南修飭運河，如春申君黃歇主導修飭了蘇、錫、常一帶的許多河道，又修整了蘇州、無錫之間的河道，疏浚了蘇州城內河道並使這座水城初具規模。

春秋戰國時期吳、越、楚三國在江南地區興修水利，疏浚、開挖河道，為這一地區的運河航運打下了最初的基礎。但是這些河渠的開鑿大多是出於軍事或政治目的，即便是方便交通運輸，也只是附帶功能。

一般認為，今天大運河最早的河段是當年被稱為「邗溝」的淮揚運河（也稱「裏運河」），這是因為它的規模較大，具有南北大運河的一切特徵，並且溝通了淮河和長江兩大水系。

　　邗溝又稱邗江、韓江、邗溟溝、中瀆水，位於江蘇省里下河平原西側，為春秋時期吳王夫差開掘。開鑿邗溝是出於軍事的需要，邗溝開通之後溝通了長江與淮河，由此可以直接運兵北上攻打齊國。邗溝從邗城（今揚州市北）西南引長江水，在蜀岡下掘深溝（邗溟溝），再向東北通射陽湖折向北，至末口通淮。酈道元《水經注·淮水注》中說：「中瀆水自廣陵北出武廣湖（今邵伯湖）東，陸陽湖（今淥洋湖）西。二湖東西相直五里，水出其間，下注樊梁湖（今高郵湖），舊道東北出，至博芝、射陽二湖，西北出夾邪，乃至水陽矣。」

　　邗溝的開掘拉開了大運河的序幕。此後，秦始皇東巡時曾令赭衣（囚犯）三千，在今天的丹陽以西至鎮江一帶鑿「丹徒水道」。後因這段人工河道落差太大，遂將直道改為曲渠，並把雲陽（今丹陽）改為曲阿縣，又因此水道為赭衣囚徒所開鑿，春秋時期的朱方邑又稱為「丹徒」。從這些古今地名中，不難體會出運河的滄桑歷史。

　　邗溝在兩漢和魏晉時期都經歷過一些改造。在吳王夫差開邗溝300多年後，漢代的吳王劉濞也於孝文帝元年（前179年）開鑿過一條「邗溝」。這條邗溝的主要作用是運鹽，因為此時蘇北一帶已經是重要的產鹽區。這條運河一直在發揮著作用，直至中國的最後一位封建帝王即位時，即清宣統元年（1909年），朝廷還改稱該水道為「通揚運河」，這個名字一直沿用至今。東漢末年的建安二年至五年（197–200年），廣陵太守陳登發動民眾

疏通邗溝，將河道取直，這樣一來，就更便利於通航了。三國時期，北方的魏國為便於運送糧餉，在平原地區大力開掘人工河道，如白溝、平虜渠、利漕渠、車箱渠等，也對邗溝進行了相應改造。東吳則對丹徒、雲陽間的水上運道予以整治、疏通。

歷史上邗溝經行路線頗多變動。清代徐庭曾著有《邗溝故道歷代變遷圖說》，書中標明了從古邗溝開鑿至清代光緒年間（1875–1908年），邗溝故道的七次變遷。

古邗溝故道位於今揚州城北，從螺絲灣橋向東直達黃金壩，今天仍然是揚州城的排污、排澇河，而且，在河流的中段還保留有明清時期修建的「邗溝橋」，石橋兩邊山花墩上均嵌「邗溝橋」石額。這段古河道是大運河系統最早期的遺跡之一，從漢代至唐代都是大運河的主航道，也是歷代漕運的主要通道。河道雖然歷經上文所講的各個歷史階段的整治，但都是在自然河道的基礎上拓寬和修繕，保留了自然的河道走向。

邗溝對於大運河有著非同一般的意義。揚州城是隨著邗溝的開通而逐漸興起的。上文列舉的種種史實和變遷表明，歷代王朝統治者出於政治、軍事或農業、商業目的而大力開鑿人工河道，河道在數量和質量上不斷提升，以及民眾出於農業灌溉、運輸、商業往來的需求對人工水道的認識和技術積累不斷增加，這些都為運河的規模性出現奠定了深厚的基礎。一旦合適的歷史契機來臨，大運河的貫通和開鑿也就水到渠成了。

隋代大運河的貫通

「盡道隋亡為此河，至今千里賴通波」，這是唐代詩人皮日休的一句著名詩句。千餘年來一直有一種說法，就是隋煬帝出於滿足個人遊玩享樂的目的，開通了隋運河。歷史上的隋煬帝，確有好大喜功、窮奢極慾的一面，但他開鑿大運河的動機被解讀得如此簡單也未免有失偏頗。這種民間說法，在明清小說興盛以來，更加甚囂塵上，其實也可以理解，因為這個說法的戲劇性比較強，比較有利於在民間傳播。但如果認真讀史，考察隋代當時的歷史形勢，就會發現：隋代大運河的貫通絕非偶然，也非隋煬帝一人之力就可以推動的，而是由當時的社會和歷史條件決定的。除了前文所說的修建運河實際上已經積攢了許多水利方面的基礎之外，中國經濟中心南移的社會經濟條件變化，也是催生大運河在隋代貫通的重要條件。

在先秦兩漢時期，黃河流域是中國的經濟和政治中心。北方無論是經濟條件還是農耕技術都遠遠超過南方，南方雖然降水豐富，更有利於農作物的生長，但此時尚未完全得到開發。在當時，糧食產量的多寡，決定了王朝的經濟命脈，在糧食產量基礎

上可供養的人口和軍事力量，則決定了王朝的成敗。《史記‧貨殖列傳》記載：「夫三河在天下之中，若鼎足，王者所更居也，建國各數百千歲，土地小狹、民人眾，都國諸侯所聚會。」三河指河東、河內、河南，大致相當於今山西、河南一帶。在漢代之前，只要三河地區豐收，王朝大概就沒有斷糧之虞，與之相比，長江以南地區開發時間尚短，各方面積累較少。史料記載，當時的楚越地區仍然是地廣人稀，雖是魚米之鄉，自然環境利於農作物生長，百姓無凍餓之後患，但生產力較為低下，勞動力不足，經濟不發達，處於待開發狀態，所以江淮以南「無凍餓之人，亦無千金之家」。

兩漢盛世結束後，中國走入了戰亂頻仍的魏晉南北朝時期，這一時期中國社會經濟發生了許多深刻的變化，用今天的話來說，此時江南地區開始了「逆襲」。這 400 多年是中國歷史上政權更迭最頻繁的時期，國家的疆域裏南北分裂，大小政權你方唱罷我登場，各種戰爭更是連綿不斷，因為北方少數民族的湧入，民族關係方面十分複雜。北方因為之前的經濟基礎較好而成為割據戰、拉鋸戰的主要戰場，經濟受到嚴重衝擊，大批士人、民眾不得不南遷以避戰亂。

南遷的士人、工匠、技師和農民帶來了各個領域的先進知識和技術，江南地區的農業、商業隨之迅速崛起。尤其是江淮地區和太湖地區，更以其肥沃的土地和豐富的河流湖泊資源而成為名副其實的魚米之鄉。六朝時期的建康（今江蘇南京）十分繁華，這在史冊中有生動的記載。發展到南朝梁時期，建康人口已超百萬，是當時世界上少見的大城市。與此同時，荊州、京口（今江蘇鎮江）、壽春（今安徽壽縣）、廣州、蘇州、杭州等地也都是

重要的商業都會。這時海上交通也變得發達起來，對外貿易日益活躍。

當然，除了經濟方面的原因外，隋代開通大運河的政治目的也很明確，就是要利用這一航道對新闢國土實現更有效的控制。而更加直接的原因，是為了都城的糧食供應。

隋文帝楊堅建都大興（今陝西西安），這裏是天然的都城，但由於人口迅速積聚，糧食供應已經出現問題，於是隋文帝命建築工程專家宇文愷開鑿河道。這條運河是沿渭水之南，傍南山之東，直至潼關，連接黃河的廣通渠。廣通渠長約 150 千米，加強了關中與關東地區的聯繫。為了進一步溝通江淮地區，也就是把江淮地區的糧食物資方便地運輸至都城，隋文帝又開鑿了山陽瀆一線。大業元年（605 年），隋煬帝楊廣繼位，下令在漢魏洛陽城西，跨洛河南北、瀍水東西，營建東京。營建東京的目的，詔書中稱是「聽採輿頌，謀及庶民，故能審政刑之得失。是知昧旦思治，欲使幽枉必達，彝倫有章。而牧宰任稱朝委，苟為徼幸，以求考課，虛立殿最，不存治實，綱紀於是弗理，冤屈所以莫申。關河重阻，無由自達。朕故建立東京，躬親存問。今將巡歷淮海，觀省風俗……其民下有知州縣官人政治苛刻、侵害百姓、背公徇私、不便於民者，宜聽詣朝堂封奏，庶乎四聰以達，天下無冤」（《隋書‧煬帝紀上》）。雖然說了許多理由，其中最重要的一條還是因為「關河重阻，無由自達」，也就是因為交通問題，關中的糧食供給不足，這從當時大批官僚不得不「就食洛陽」的情形即可看出。同時，東京洛陽建成之前，隋煬帝將豫州的居民大量遷至洛陽，為建立新的都城打下基礎。

大業元年營建東京洛陽的同時，通濟渠與邗溝也開始施工，

6 年後，貫穿南北的隋代大運河初具規模。

　　通濟渠即唐宋時期的汴河，是隋煬帝開鑿運河中最早的一段。《隋書‧煬帝紀上》載：「（大業元年三月）辛亥，發河南諸郡男女百餘萬，開通濟渠，自西苑引穀、洛水達于河，自板渚引河通于淮。」《隋書‧食貨志》載：「開渠，引穀、洛水，自苑西入，而東注于洛。又自板渚引河，達于淮海，謂之御河。河畔築御道，樹以柳。」其間還記述，隋煬帝下令營建東京洛陽後，僅隔三日，即下令開鑿通濟渠工程。同時，古邗溝的疏浚修理工程也予以啟動，邗溝疏浚過程利用了江南豐富的湖泊水系。由於自然河流航道的改變，隋代修建的邗溝已與古邗溝有了較大的變化，總體上，航道越來越直，航線的效率也越來越高。

　　在通濟渠與邗溝的工程完成五年之後，也就是大業六年（610 年），隋代大運河的最後一段——江南運河開工，江南運河從揚州始，經常州、蘇州、松江而至杭州。這段運河繞太湖之東（太湖附近最為富庶的地區）。白居易的「平河七百里，沃壤二三州」（《想東遊五十韻》）指的就是江南運河河道。

　　永濟渠是從洛陽走向東北的另一條河流，開鑿於大業四年（608 年）。永濟渠也大都是利用自然水道開鑿而成，永濟渠的開通不僅加強了關中地區與黃河中下游地區的聯繫，而且隋煬帝三次用兵高麗，都是仰賴永濟渠提供的便利。

洛陽：隋唐大運河的中心

隋代大運河以洛陽為中心利用既有河道開通，此後唐、宋、金、元各代均有改建並繼續利用。隋唐大運河南起杭州，北至北京，全長 2000 餘千米。這條南北大動脈跨越地球 10 多個緯度，縱貫中國東南沿海和華北大平原，經過浙江、江蘇、安徽、河南、山東、河北、北京等省市，溝通黃河、淮河、長江、錢塘江、海河五大水系，從而形成了以洛陽為中心，向東北、東南輻射的水運網。

隋唐大運河是隋唐時期的經濟命脈，也使洛陽一躍成為大都市。大運河開通後，處在中心位置的洛陽自然也擔負起南糧北運的重務，同時也藉著運河溝通南北的便利條件，成為南北貿易的重要商道。尤其是在唐代，隨著大唐國力蒸蒸日上和商貿繁榮，洛陽附近的河道日益繁忙。《元河南志》卷四記載：「自此橋（通濟橋）之東，皆天下之舟船所集，常萬餘艘，填滿河路，商旅貿易，車馬填塞，若西京之崇仁坊。」往來舟船絡繹不絕，以致水上交通擁堵，朝廷不得不於武則天大足元年（701 年）在洛陽立德坊南營建新潭，以供諸州租船停泊。唐代時日本派赴中國的

10 餘次遺唐使，基本上都是要到達洛陽，使團中除了官員外，約半數為舵師、水手，還有主神、卜部、陰陽師、醫師、畫師、樂師、譯語、史生，以及造舶都匠、船師、船匠、木工、鑄工、鍛工、玉工等各行工匠。隨行有長期居留的留學僧、留學生，以及短期入唐、將隨同一使團回國的還學僧、還學生，還有從事保衛的射手。唐代從西域來內地的商人為數眾多，販運來的玉器、馬匹、玻璃製品等，經過洛陽這一中心樞紐的轉輸，流向東南、東北，甚至遠達日本、高麗、南洋；與此同時，產自內地的大米、布帛、瓷器和珍珠等，又通過洛陽這一集散中心販往西域。洛陽因此成為重要的商業物流中心和國際文化交流中心。

我作為一個文物工作者，對洛陽有著深厚的感情。洛陽是一個古都，是大運河締造的眾多都市之一。同時，洛陽還是陸上絲綢之路的東方起點，絲綢之路遺產保護也應是今天廣受關注的話題。總之，在洛陽，隋唐洛陽城和大運河、絲綢之路，地上和地下的文化遺存都有著不可分割的文化聯繫，因此放在一起討論，可以得出更加整體的概念。

洛陽是我在工作過程中經常訪問的城市，洛陽有「九州腹地」之稱。歷史上，曾經有 13 個朝代在這裏建都。隋唐洛陽城是「中國古代城市規劃思想的源頭」。

在大運河申遺時，將洛陽隋唐大運河遺址列入《世界遺產名錄》還是經歷了一個曲折過程。當年無論是隋唐大運河遺址，還是洛陽絲綢之路遺存，是否將其列入申報世界文化遺產範圍都經過了反覆爭論，經歷了統一認識的過程，實屬來之不易。此前大運河列入全國重點文物保護單位時的名稱是「京杭大運河」，在申報世界文化遺產時我們提出應該加上「隋唐大運河」，由京杭

大運河沿線的 24 個城市，擴大至京杭大運河和隋唐大運河沿線的 35 個城市參與申報。為此一些京杭大運河沿線的城市領導表示擔憂，生怕影響大運河的申報進度，他們認為「隋唐大運河」缺少地面遺存，缺少大運河的文化景觀，但是我們在重新設立的《中國世界文化遺產預備名單》中，明確了大運河的保護範圍和申報內容，既包括「京杭大運河」，也包括「隋唐大運河」，形成了完整科學的概念。事實證明「京杭大運河」和「隋唐大運河」整體申報世界文化遺產的決策是正確的。

除了大運河之外，絲綢之路也是一個線性文化景觀，長期以來人們經常說陸上絲綢之路的起點是西安，終點是羅馬。但是在組織編製絲綢之路申報文本時，我們認為應東延至洛陽，無論是「兩京」，還是「兩都」都離不開洛陽，在這一問題上，西安和洛陽的民眾甚至還發生過口角。但是將洛陽的文化遺址列入申報之列，使申報內容更加豐富，內涵更加深厚。絲綢之路順利列入《世界遺產名錄》的事實也證明，這一決策同樣是正確的。現在，這些爭論已經趨於平靜，思想趨於統一，令人感到十分欣慰。

這兩次世界遺產的申報，都因洛陽後來的加入，使內容更加豐厚，這就說明了洛陽在中國文化遺產格局中的獨特地位。我們手裏的材料中有一段話說到「洛陽處於黃河流域的中樞，北至幽燕，南逾江淮，西對關隴，東抵黃河中下游平原，道路遠近大致差不多。在古代歷史條件下，這一優越的地理位置不僅便於周邊地區對都城物資供應，而且便於都城對四周的管控」。明確這一保護格局具有戰略思考，其中古都洛陽既是隋唐大運河的西起點，也是絲綢之路的東起點，它的加入，將絲綢之路和大運河聯

繫在一起，而浙東運河又將京杭大運河與海上絲綢之路聯繫在一起。這樣就形成了橫貫祖國東西，連接沙漠綠洲絲綢之路和海上絲綢之路的氣勢磅礴的古代大型商貿運輸和文化交流通道。因此，只有將洛陽作為陸上絲綢之路和中國大運河的重要支點，才能整體展現歷史的真實面貌。

洛陽是我國最著名的古都之一，建都歷史長達 1500 多年。在洛陽深藏著許多我國歷史上最輝煌、最燦爛、最壯闊、最激動人心、最令華夏兒女驕傲自豪的歷史記憶，也深藏著許多最能夠代表和反映中華古代文明成就的歷史遺存。保護好、展示好、研究好這裏的文化遺址、遺跡和遺物，是開展愛國主義教育的國家需求，同時對於滿足廣大民眾的精神文化需求也具有十分重要的意義。尤其在今天，國家大力倡導文化城市建設和文化遺產保護，推動「一帶一路」國際合作的大好形勢下，洛陽歷史文化名城保護，應該有更大的氣魄，具有更加前瞻性的思考。

事實已經證明，一座擁有豐富文化遺產資源的城市，就是一座擁有文化發展優勢的城市。一座城市的文化遺產資源如果得到了有效保護與展示，就容易擺脫千篇一律的城市規劃形態，避免城市文化危機，豐富城市文化內涵，成為形神兼備、古今輝映的文化古都和歷史名城。

對於古都洛陽來說，是否站在歷史的高度看待文化遺產保護，這將成為決定洛陽未來城市面貌和文化品質的決定性因素。

因為年代久遠，隋唐洛陽城保護也面臨著城市化進程加快和大規模城鄉建設所帶來的巨大壓力與挑戰，文化遺產保護的形勢嚴峻。遺址內的人居環境較差，隋唐洛陽城保護與城市發展、居民生活改善之間的問題尚需予以妥善處理。因此，我主張需要從

為當地民眾營造良好的居住和活動空間、改善當地民眾居住環境和人文環境、使當地民眾和社會公眾真正能從保護中得到實惠的高度，來看待隋唐洛陽城的保護。必須通過隋唐洛陽城的保護成果證明，文化遺產不代表落後、不代表貧窮、不代表髒亂，文化遺址能夠成為城市最美麗的地方，成為改善人們生活環境價值最大的地方，成為推動社會進步、經濟發展、民眾生活水平提高的動力和資源。

對於城市發展首先需要的是戰略思考，確定城市性質、城市規模、城市佈局。對於古都洛陽來說，要鞏固和發揚城市特色。我十分贊同 24 字的洛陽保護規劃原則和理念，即「統一規劃、重在保護、適度利用、以人為本、彰顯特色、統籌融合」。北京市在 2016-2035 年的城市總體規劃中，突出強調了城市特色的保護和發展，其中特別強調城市傳統中軸線的保護，並積極申報世界文化遺產。同時提出保護 3 個文化帶，即長城文化帶、運河文化帶和西山永定河文化帶。洛陽在保護古都文化遺產、大運河文化遺產、絲綢之路文化遺產等方面需要統籌規劃，形成網狀的文化遺產保護格局。

在此基礎上，要抓好重點，下大決心，形成隋唐洛陽城遺址洛南、洛北貫通的中軸線文化景觀，建成宮城區和洛南里坊區兩處大型考古遺址公園。通過集中有限的人力、物力、財力，實行連續若干年集中的強力投入，力爭在隋唐洛陽城和大運河遺產保護上取得突破性進展。通過隋唐洛陽城輪廓展示，「天」字軸線的復原、應天門保護設施的安置、天津橋的建設等，形成平緩開闊的隋唐洛陽城遺址保護區、壯美的傳統城市中軸線、高潮迭起的線性文化遺產，把洛陽最負盛名、最令人難忘、最具有震撼力

的歷史遺跡保護起來、展示出來。

　　同時，我也深深感受到，應該擴大洛陽文化古都的社會知名度和國際影響，為國家文化外交做出獨特貢獻。幾年來，我曾經多次向洛陽市領導建議，洛陽可以開展世界文化古都保護平台的建設。國際形勢不斷發生變化，中國逐漸站在世界舞台的中央，在國際上的話語權不斷增加，中國的世界性文化遺產作為一種優勢資源，也應該不斷地發聲。

　　2016 年 10 月，在文化部、新華通訊社、國家文物局的支持下，故宮博物院主辦了「世界古代文明保護論壇」。同時，中國考古學會、中國文物學會、新華通訊社國家高端智庫也為論壇的舉辦提供了協助。來自國際文物保護與修復研究中心、國際博物館協會、國際古跡遺址理事會，以及埃及、希臘、印度、伊朗、伊拉克、意大利、墨西哥、中國等 8 個文明古國的文化與外交官員、博物館館長、考古學家、歷史學家和文物保護領域的專家學者出席。論壇通過充分深入的交流與對話，積極探索了在當今國際形勢下推動各國文化遺產保護傳承工作及古代文明的國際交流與合作的途徑，共同發起了《太和宣言》，即未來通過舉辦文化發展論壇，舉辦文物交流展覽以及其他相關活動，舉辦學術研討會以及其他相關活動，攜手應對世界文化遺產保護所面臨的共同問題，聯合探討人類文明可持續傳承的有效途徑。

　　2017 年 9 月，故宮博物院再次舉辦了「太和·世界古代文明保護論壇」。與 2016 年不同的是，此次論壇還得到了外交部的支持，同時，邀請到了聯合國教科文組織和世界遺產委員會的代表，參會國家從 2016 年的 8 個增加至 21 個，她們分別是阿富汗、玻利維亞、柬埔寨、中國、埃及、埃塞俄比亞、希臘、印

度、伊朗、伊拉克、以色列、意大利、黎巴嫩、墨西哥、巴基斯坦、秘魯、斯里蘭卡、蘇丹、敘利亞、突尼斯、土耳其。更多元的文化力量加入到了《太和宣言》夥伴當中，世界古代文明保護的舞台更加廣闊了。

洛陽是中國六大古都之一，是絲綢之路、大運河雙世界文化遺產城市，在世界上享有盛譽，也應該擁有非凡的號召力。可以就世界文明古都保護方面建立起具有國際影響的文化平台，也可以和故宮博物院合作舉辦「太和論壇」世界文化古都平行論壇。

實際上，中華人民共和國成立以後，洛陽城市總體規劃就是全國城市規劃領域的一面旗幟。早在 20 世紀 50 年代，洛陽城市規劃中就明確「遠離舊城建新城」，注重歷史城區保護，率先實施「跳出老城，建設新區」的規劃佈局，曾經被認為創造了城市發展與文物保護的「洛陽模式」。在當時就連北京都執意在舊城基礎上進行城市建設的情況下，洛陽城市總體規劃的做法十分難得，長期以來成為城市規劃教科書中的典型案例。

在文化遺產保護領域，20 世紀 80 年代在洛陽誕生了「先考古發掘後建設」的文物保護方式，被譽為「洛陽方式」，無論在城市規劃建設，還是在文化遺產保護領域，「洛陽方式」都產生了積極的影響。20 世紀 90 年代，在洛陽第三期城市總體規劃中，將洛南 22 平方千米的里坊區全部劃為非建設區，實施整體控制保護，而新的城市發展建設則跳出隋唐洛陽城的里坊區向南發展。在蓬勃發展的大城市中心地帶，保留如此大規模的考古遺址和綠色空間，這在世界範圍內也不多見。美國紐約的中央公園非常有名，其在城市環境和文化建設方面發揮著重要功能，但是也只有 4 平方千米。

進入新的世紀，洛陽市在歷史文化名城保護方面又開展了大量具有開創性的工作，作為這一過程的見證人之一，我深有感觸。洛陽科學編制並積極實施了隋唐洛陽城考古遺址公園規劃建設，開展了遺址保護區域的環境整治。這座考古遺址公園已經具有一定規模，成為人們流連忘返的城市文化公園。「考古遺址公園」是經過數年統一思想，形成的大遺址保護規劃理念，從2003年開始實施位於東北的高句麗遺址保護和考古遺址公園建設，到2005年開始實施河南安陽殷墟考古遺址公園建設，這兩處大型考古遺址雙雙列入《世界遺產名錄》。隨後開展了西安大明宮遺址和隋唐洛陽城遺址的考古遺址公園建設，如今看到保護成果得以呈現，心裏確實十分高興。

今天，隋唐洛陽城中的九州城等遺址不但得到了保護，而且人們能夠享受到保護的成果，應天門等大型遺址經過考古研究，也相繼完成了遺址保護和展示方案，正在進入實施階段。特別是天堂、明堂等遺址，通過保護設施的建設，使考古遺址的保護與展示和諧共榮，使沉睡在地下的考古遺址真正「活起來」，當地民眾和來訪觀眾對此都很滿意，成為大遺址保護的重要成果。

運河通京杭

　　前面講了很多大運河的歷史，以及隋唐大運河、京杭大運河，包括浙東運河共同申遺的故事。但似乎在很多人的腦海裏，大運河就是指「京杭大運河」，甚至很多人認為隋煬帝開鑿的就是京杭大運河。這或許從一個側面說明了京杭大運河重要且有影響力。

　　大運河肇始於春秋吳王夫差之鑿邗溝；至隋代完成了以洛陽為中心的大運河，此線於唐宋時期繁盛一時；元代將其截彎取直，形成了貫通南北的京杭大運河；從明代到清代前、中期，京杭大運河成為漕運通道，屢加疏通。

　　運河通京杭，其實是元代的事，是元世祖忽必烈皇帝的偉業。在南宋時期，由於宋金南北分治，運河也就無法得到合理運用，河道多有荒廢。元滅南宋後，起初仍依靠舊運河進行水陸轉運，其路線是：由長江輾轉入淮河，逆黃河而上達中灤旱站（今河南封丘西南、黃河北岸），陸運至淇門（今河南濬縣西南），入御河（今衛河），再船運至大都。這條隋唐以來的運河舊道，因歷經變遷，久不通暢，造成漕運諸多不便，所以元代政府著手陸續修鑿大運河，其主要的工程就是取直線路，由江蘇取道山東、

河北而進北京。

元代自至元十三年（1276年）一月起開鑿濟州河。至元十八年至二十年（1281–1283年）由奧魯赤主持引汶水、泗水，從濟州（今山東濟寧）西北到須城安山（今山東東平西南）開鑿，最終形成約75千米的濟州河。漕路由淮河入泗水（今中運河），經濟州河北達安山，出大清河（即今黃河下游），經東阿（在今山東東阿南）、利津入海，然後由海運入直沽（今屬天津）達大都。此後因海口淤沙壅塞，運道不通，又改由東阿陸運至臨清（在今山東臨清南）入御河。至此，元代南北航運已大致溝通，所不通者，僅東阿和臨清之間約100千米的旱路。此後，至元二十六年（1289年）採用壽張縣（今山東梁山西北）縣尹韓仲暉等人的建議，派李處巽主持開鑿會通河，從安山的西南起，分梁山濼（即梁山泊，在今山東梁山、鄆城等縣間）的水源北流。經壽張西北到東昌（今山東聊城），又西北到臨清入御河。全長125千米，歷時6個月完成。中建壩閘31處。為了完成從通州到大都最後一段的通航，元代還開闢了通惠河，全長82千米，置壩閘21座。這樣，漕船即可一直開進大都城。至此南北航運已全線溝通。

明清兩代基本維持了京杭大運河的運輸系統，雖然某些航段的自然條件並不十分理想，在各代均出現一些難題，但總體上，京杭運河一直是維繫國家糧食安全的命脈。

進入近代之後，自然因素與社會條件均有了一定的變化，隨著海運的強化和鐵路的興起，京杭運河的情況也有了新的變化。在本章「大運河小百科」部分，將對近代以後的京杭大運河簡要介紹。南水北調工程啟動後，國家文物局更加關注大運河遺產保護工作，我也加入這個行列中，此為後話。

維繫國運的運河

　　上文中，我們大致回顧了中國大運河航運系統的形成。通過這些回溯我們也了解到，大運河縱貫華北平原、淮海平原和杭嘉湖平原，在大運河沿線與支線網附近崛起了一大批繁華城鎮，極大地促進了中國東部和中部地區的發展，溝通著中國南北方經濟文化交流。

　　大運河是古代人類生活集中、文化遺址密集的地區。各個時代的大運河貫穿之地，都留下了豐富的文物古跡，因此大運河被人們譽為「古代文化長廊」、「古代科技庫」、「名勝博物館」、「民俗陳列室」。它包含了歷史、科學、藝術各方面的價值，其文物價值與意義都非同尋常。不僅如此，大運河在長度、年代上還創下了傲視寰宇的紀錄，特別是其沿岸幾十座城市有著獨特的人文景觀和民俗風韻，保存了極具內河特色的文化。

　　大運河自開通以來，此航「運」之河便與歷代之國「運」休戚相關。在生產力低下的古代，無論是開鑿還是後續疏浚、管理這樣一條溝通各水系、各地方的通航運河，對官僚政治體系和社會經濟條件的要求相當高。因此，在國富民強時開鑿、管理便會

事半功倍，運河帶來的便利也能有效反哺；在江河日下時開鑿、管理便會事倍功半，勞民傷財的後果便是加速衰落。

在當下的大運河管理工作中，在現實的文化遺產保護工作中，我們也遇到了態度上的猶豫不定與管理上的條塊分割。這造成了大運河保護與管理的窘困，是亟須我們認識與了解的又一個重要現實問題。大運河的保護現狀還有很大的提升空間。除自然原因帶來的挑戰外，更有管理體制上的癥結。大運河作為航運水道一直由各地水運或交通部門分段管理，一些管理人員和工程技術人員對大運河歷史文化不甚了解，對大運河的文化綜合價值更無從知曉。人們關注的是運量的增長與否，無從顧及對文化資源的保護利用；有關部門也往往只著眼投資河道整修，忽視了文化的綜合效益。

我們面對的問題，可能是管理方面，也可能是現實的經濟發展壓力等，但我想，終歸是由於今天的人們對於大運河的歷史文化缺乏了解。

大運河自其誕生之日起，就與江山社稷、國計民生緊密聯繫起來，成為與之息息相關、榮辱與共的共同體。在當今社會，大運河隨著空運、海運及物聯網的發達而褪去了許多歷史的光彩，但依然發揮著其通航功能，並因其地理環境、歷史人文的積澱而生成了新的風貌，如濕地、森林公園、故道遺址等，繼續以豐厚的遺產回饋世人。

近代以後的京杭大運河

京杭大運河（京杭運河）自北京起，途經河北、天津、山東、江蘇至浙江杭州。它是中國古代南北水路交通的主要通道。溝通了海河、黃河、淮河、長江和錢塘江五大水系，全長近1800千米。

◎ 近代的京杭運河

清咸豐五年（1855年），黃河自河南蘭封（今蘭考）銅瓦廂決口北徙，奪山東大清河入海。從此，黃河不再行經安徽和江蘇，而與運河改在山東交叉，這打亂了京杭運河的總格局，使大量工程失效。隨著海運的強化和鐵路的興建，京杭運河作為國家南北交通幹線的作用逐漸減少，由全線通航轉變為局部分段通航，有的區段甚至斷航。其中北運河和南運河雖也有個別工程興建和改建，但只有局部通航。

在近代，會通河被黃河沖截為兩段，北段淤塞，南段水災連年不斷，航運基本斷絕。由於淮水不能恢復故道，中運河和淮揚運河由三河直入長江，運河北段水源幾乎斷絕，南段可以作地區

性航運。民國時期，這兩段運河的治理納入導淮的統一計劃中。江南運河因水量充沛，地區運輸又有較多的需要，航運效益一直顯著。

◎ 現代的京杭運河

京杭運河的恢復和擴建工作從 1950 年開始，包括培修沿岸大堤、堵閉舊海堤、整頓和改建沿河閘壩等。1958 年開始對運河全線進行大規模的整治和建設工程。徐州至揚州段，分設 10 個梯級，建設船閘，拓寬和加深航道，使之可通航 500 噸級船舶；擴大了排澇和灌溉面積，收到了航運、灌溉、防洪、排澇的巨大經濟與社會效益。黃河以北天津至臨清段，結合水利工程，先後建設了楊柳青、四女寺等多座船閘，實現了自衛運河新鄉經臨清至天津全線通航 100 噸級船舶，但該線在 1967 年後因水枯而斷航。黃河以南至徐州段，其中梁山至濟寧的梁濟運河，經疏浚河道，建設郭樓船閘；濟寧至徐州段，1961 年建設了微山船閘，又利用伊家河河道建設了韓莊、劉莊、台兒莊 3 個梯級船閘。長江以南，鎮江至杭州段，多年來陸續進行了一些局部治理。

1980 年以後，對京杭運河濟寧至杭州段又開展了大規模的續建工程。在此期間，徐州藺家壩至揚州段建設了 8 座複線船閘和藺家壩船閘，並對全河道進行拓挖，使之可通航 2000 噸級船舶。同時新建、擴建抽引長江水補水站 8 座。鎮江至蘇浙省界的蘇南運河，建設船閘並進行全線整治。蘇浙省界至杭州段，整治河道的同時建設了三堡兩線船閘。同時，運河與錢塘江溝通，連成杭甬運河，至寧波出海。運河濟寧至徐州大王廟段，進行浚

挖，擴建和建設了 3 座船閘。

進入 21 世紀以後，京杭運河作為文化遺產資源受到了更廣泛的關注。2006 年 5 月，國務院將京杭大運河公佈為全國重點文物保護單位。此後，經研究，將包括京杭大運河、隋唐大運河、浙東運河在內的中國大運河納入了保護和申報世界文化遺產範圍。2014 年，中國大運河被列入《世界遺產名錄》。

岸邊凝固的時光

大運河流淌的文明滋養著相關地域的傳統文化，也成為沿岸人類生活的真實記載。各個時代的大運河貫穿之地，都留下了豐富的文化遺產資源。運河岸線遺存有數以千計的文物古跡，包括古建築、古遺址、古墓葬、近現代遺址，以及數以百計的歷史文化名城、名鎮、名村。運河沿線分佈著依河而建、因河而生的歷史街區。它們承載著一個個的運河故事，凝固著一段段的運河時光。

紹興：八字橋歷史街區

浙東運河即杭甬運河，西起杭州三堡，經錢塘江航程 27 千米後，又經紹興、上虞、餘姚至寧波鎮海入海口，全長 252 千米。

浙東運河始建於春秋晚期，其前身即是我們在上一章裏提到過的春秋時期「山陰故水道」。這段古運河之所以繁盛，是因為南宋遷都臨安之後，古老的運河成為為朝廷服務的航線，其戰略位置上升，運河沿岸也就隨之繁榮起來。此後，隨著寧波一帶海運的興起，浙東運河成為溝通浙東平原和海外的重要貿易通道。從今天的角度看，浙東運河更溝通了海上絲綢之路和大運河兩大線性遺產。

事實上，浙東運河本來的航運條件並不太好。西段稱蕭紹運河（舊稱西興運河，俗名官河），是西晉時期疏浚、開鑿而成，水道功能從一開始的灌溉兼防洪潮發展到漕運；東段利用餘姚江的天然水道，至寧波市匯入甬江。一方面，因運河穿越的錢塘江、曹娥江、甬江的水位高低不一，歷史上只能分段航運。會稽境內的一段利用東湖（古代鑑湖的一部分）通航，上虞以東又

利用了餘姚江通航。由於各段水位不同，因而沿河必須設置一系列的堰壩。另一方面，就好像路軌寬度不同的鐵路不方便連通一樣，水利條件差別較大的河道之間，通航也存在一定的困難，因為各段河道的載船能力不同，有的可行 200 石的船，有的可行 500 石的船，這也影響了航運的效率；在堰壩層層的河道裏，堰間採用牛拉船過堰的方式，以及設立關卡對船貨盤剝，導致運輸速度相當緩慢。《嘉泰會稽志》卷十記載北宋末年蔡肇在《明州謝上表》中記其從杭州到明州（今浙江寧波）運河沿途所見：「三江重複，百怪垂涎，七堰相望，萬牛回首。」三江即錢塘江、錢清江和曹娥江，七堰即西興堰、錢清北堰、錢清南堰、都泗堰、曹娥堰、梁湖堰、通明堰。因為河道交錯，堰壩眾多，航程上就格外麻煩，這段運河航線無論是規劃還是設置上都存在一定的缺陷。

為改善這一被動局面，宋代的浙東運河餘姚段、都泗堰（今浙江紹興市內）至曹娥塔橋段、渣湖段和西興、錢清段先後得以疏浚，運河堰閘得以增置並時時維修。尤其是在南宋定都臨安後，浙東運河成為富庶的紹興府、明州和浙東許多地區與都城往來溝通的要道。另外浙東運河還是臨安溝通海外的唯一通道。錢塘江北岸的臨安由於錢塘潮迅猛，江口泥沙淤積，日本、朝鮮等國使臣往來和海商船舶均不從錢塘江的幹流行駛，而易舟到浙東運河到達杭州，這是宋代姚寬的《西溪叢語》中記載的。

南宋以後，浙東運河雖然輝煌不再，但浙東地區經濟發達、富庶，寧波已經成為重要對外貿易港口，所以浙東運河繼續繁盛不衰，而紹興雖在杭州以南，卻是浙東運河的重要城市，也就是大運河系統裏的重要節點。

紹興作為一座有著 2500 多年建城史的古城，城內古跡眾多。市區內歷史風貌保存較好的有八大歷史街區，它們均有著自己的特色、歷史文化遺存和共同的內涵風貌。其中，八字橋歷史街區位於紹興古城的都泗門內，有著典型紹興水鄉、橋鄉特色，總面積約為 31.94 公頃。浙東古運河的河道向東穿過八字橋街區直達都泗門，因而八字橋歷史街區，也成為浙東古運河水運貨物的集散地。

　　説到這裏，不得不提一下古鑑湖。古鑑湖是東漢會稽太守馬臻於永和五年（140 年）主持創建的大型綜合性水利工程，它是通過築堤蓄水形成的一個巨大人工湖，有「八百里鑑湖」之稱。古鑑湖集灌溉、防洪以及向城市和運河供水於一體，在建成後的一千多年中都發揮著重要的作用，造就了紹興的富饒豐足。到了南宋時期，終因人多地少，在人們大規模的圍墾中損毀、湮廢。

　　古鑑湖的水位要高於紹興城內運河的水位，人們為防止湖水倒灌而興修了多種水利工程，比如都泗堰。都泗堰上設置的水門自然就是都泗門了。

　　據當地的專家考證，宋代都泗堰的地理位置在今東池路西邊的浙東古運河河道下，正好位於今八字橋街區範圍內。正如上文所説，古鑑湖水位高於城內浙東運河的水位，因此縱跨浙東運河的都泗堰兩邊，水位是有落差的。這樣，運河上的載貨船隻就需要駐紮堰上的堰兵牽引拖拽。遇到水位落差大時，就只好等待較長時間。許多客商等不及，就在都泗門也即現在的八字橋街區下船，走陸路出五雲門外換船。因此，八字橋街區至今還保留著宋代古籍中可見的一大批古橋，如八字橋、廣寧橋、東雙橋、紡車橋等。

據《嘉泰會稽志》記載，八字橋始建於南宋嘉泰年間（1201–1204 年），「兩橋相對而斜，狀如八字，故得名」。從現代人的角度來看，八字橋呈東西向，跨越三條河，連接四方道路，構成了一個完整的水陸互通要道，在古代起到了「立交橋」的作用。縱跨運河的廣寧橋也是始建於南宋期間，重建於南宋紹興四年（1134 年），明萬曆三年（1575 年）重修。橋因鄉人集資修建而使得來往百姓廣受其惠，因有此名。橋下有縴道，縴夫可從橋洞下拉縴而過，也是一座古代的「立交橋」。

明清時期廣寧橋附近商貿繁榮，人煙密集。到了清代，這裏更是八方輻輳，車馬駢闐。清初毛奇齡曾寫有長詩《看月書事》，説的是他在七月十五日中元節這天晚上在廣寧橋看見龍華寺做法的情景：「廣寧橋上坐萬人，項背軋札如魚鱗。廣寧橋下水波淺，大船小船波上轉。」

對今天的人們來説，八字橋街區得以完善保留下來，是一件很幸運的事。這裏至今還保存了清末民初的許多建築，而街市的格局則與古書上説的「橋橋相映，水屋相連」十分相符。這裏作為紹興水鄉、橋鄉最典型、最集中的區塊，具有眾多的文物保護單位和有特色的建築物及構築物，如八字橋、廣寧橋、東雙橋、龍華寺等文物保護單位，以及狀元台門（章家台門）等。

紹興的古運河至今仍生機勃勃，與八字橋等豐富的文化遺存和齊全的運河功能不可分離，而且，紹興的運河文化更有自己的獨特性。我多次去過紹興，印象較深的是 2008 年 6 月，當時我在國家文物局工作，我們在呼籲把浙東運河的遺存也一併納入中國大運河申報世界文化遺產範疇。在京杭大運河申遺擴展為中國大運河申遺之後，這個目標得以實現。

中國大運河申報世界文化遺產是一個過程，一開始人們關注的是京杭大運河，之後大運河申報世界文化遺產不斷擴容，又將其改名為中國大運河。隋唐年間（581-907 年）的古運河連接世界的「陸上絲綢之路」，浙東運河則連接世界的「水上絲綢之路」，沒有浙東運河，中國大運河的鏈條就不完整，也不符合歷史的事實。有了浙東運河的加入，整個大運河的網絡就更加完整，西邊可通達羅馬，東邊可到達東南亞再通達世界各國。紹興的古運河和城市有著自己獨特的歷史文化和自然特色，它屬於中國大運河整體的一部分。

河南、安徽等地的隋唐運河現已失去了原有的防洪、交通等功能，僅留下文物保護價值。與這些運河不同，浙東運河仍然生機勃勃，舟行櫛比，檣櫓相連，功能多樣。浙東運河不是單線的，而是複線的，沿河水道呈網狀分佈，因此它比其他運河更豐富多彩。

2013 年，聽說紹興正在復興水城，這是一個令人欣慰的消息。紹興重建水城可以更好地保護歷史，體現紹興的歷史性、真實性。紹興能夠把八字橋街區這樣的歷史遺存完整地交給 21 世紀，說明這裏的人民對於文化遺存有所敬畏。紹興古運河一帶河網縱橫，人與自然的創造十分突出。運河邊的古城、古鎮、古村都是運河的組成部分。在城市發展中，運河是城市的積極因素，應該將其作為優勢而不是包袱。運河和古城、古鎮、古村交相輝映，這是城市文明的生動呈現。古城、古鎮、古村是水城中獨特的資源，因此紹興復興水城有著人無我有的獨特資源。

開封：《清明上河圖》裏的古運河

　　隨著時代的變遷，大運河的線路也在不斷地發生變化，這就使得一些因運河而生的景觀有可能隨著運河的「遷徙」而逐漸變化。現在我們所能看到的最完整的古運河生活畫卷，非北宋畫家張擇端筆下的《清明上河圖》莫屬。

　　宋代沿襲五代舊制，以汴梁之地為東京，定都於此。《清明上河圖》以北宋東京汴梁（今河南開封）城郊為起點，向西沿汴河溯流而上，經過內城通津門外的土橋，到繁華的保康門街，向人們展示了汴梁城內外店舖林立的繁榮城市商業文化景觀。這些歷史文化街區是在城市經年累月的發展中形成的，既有民族性，又有地域性，構成了獨具特色的民俗類文化景觀，是人類文化多樣性的重要表現形式。歷史文化街區中的傳統建築同樣經歷了千百年的歷史變遷，在不斷地修復、重建中，接受傳統與外來文化的支配與影響、同化與融合，形成風格各異又相互協調的群體形式，體現出人們對於幸福美好生活的嚮往與追求。在空間結構與建築佈局方面，這些歷史文化街區往往呈現為帶有某種規律性的整體，是民俗文化和居民生活在時間上的積累與延續，在顯

示城鎮歷史的同時，也是現代居住生活的環境載體，從外觀形態與內在氛圍上都顯示出獨具的民俗類文化景觀特質。隨著時間的流逝和城市的發展，這些歷史街區的環境價值在城市空間中不斷提高。

《清明上河圖》所記錄的城市開封，並不是在宋代才建成的，開封其實也是戰國魏、五代梁、晉、漢、周的都城，而北宋是歷史上開封發展的鼎盛時期，北宋王朝在此歷9帝，凡167年。由於開封位於華北大平原的南端，周圍地勢平坦，無險可守。因此，北宋東京城共有外城、內城和皇城三重城牆，其中外城周長「五十里一百六十步」，規模龐大，著名的州橋、金明池、瓊林苑等文化景觀都包含在內。同時，開封是一座歷經千年而城市基址未發生較大偏移的獨特古城。遺憾的是，因地處黃河岸邊，開封城多次遭黃河決口淹沒，淤泥填塞，特別是明末李自成率農民軍決黃河水灌城，致使開封城毀於一旦。近20餘年來的考古調查已經初步證明，在開封城市地下3-12米處，上下疊壓著6座古代城池，其中包括地下約3米處的清代開封城，5-6米處的明開封城，8-10米處的北宋東京城，12-14米處的戰國魏國大梁城，構成了「城摞城」的奇特文化景觀。

開封並不是一個因運河而生的城市，但是運河的開通確實讓這個城市的地位發生了變化，晚唐時即有「當天下之要，總舟車之繁，控河朔之咽喉，通淮湖之漕運」的說法，通淮湖之漕運，即是說開封和淮揚地區的聯繫，江南地區的糧食經漕運轉運到這裏，使得開封成為南北交流的要津。

在開封的古都城復原圖中，我們可以看到這裏的幾條河流，其中有五丈河、金水河、汴河和蔡河。五丈河又名廣濟河，唐五

代時便已經存在，因河面有五丈寬故得其名。五丈河雖寬，但漕運條件並不理想，容易淤塞，因而太祖建隆二年（961 年）宋廷繼疏浚五丈河，又鑿通了自榮陽至東京的一條運河，這條河就是金水河，金水河於「京城西夾汴河造斗門 …… 架流於汴水上，東匯於五丈河，以便東北漕運」。（《讀史方輿紀要》卷四十六）這也是為了方便漕運而新鑿的一條運河。汴河本身就是隋代運河的一段，前文說過，它的另一個名字叫通濟渠。蔡河原是開封向南的古老水系，因隋開通濟渠，其水源被奪，在隋唐年代逐漸不能通航，宋代又對其進行了新一輪的修建，使得蔡河變身為一條新的運河。

《清明上河圖》裏記錄的繁華景象即是由這幾條河的匯流締造的。因為有這幾條河流在，江南地區的魚米便可通過運河源源不斷地向這裏輸送，使得開封雖地處內陸，卻也可以承載更多的人口和更複雜的社會活動。

「汴河通，開封興；汴河廢，開封衰。」這句在開封流傳的民謠，說明了大運河與開封的關係。汴河是大運河的重要組成部分。沒有汴河，就沒有北宋時期東京城的絕世繁華；沒有汴河，就沒有流傳千古的《清明上河圖》。這幅舉世聞名的畫卷，很大一部分描繪的是汴河邊的場面。

《清明上河圖》中，「上河」即是指汴河，其中一些細節反映了當時汴河漕運的景象。畫面中有幾艘漕船，有的船正停泊在岸邊，工人正在搬運貨物；也有的船搭著板子到泊岸邊，人們正在從船上向岸邊背東西。《清明上河圖》裏所有的街道兩旁都有商舖，在畫面的中部還有一個駝隊。《清明上河圖》中所繪的城樓，就是屹立於汴河南岸的「上善東水門」。

汴河是北宋國家漕運樞紐，從畫面上可以看到漕船雲集、人頭攢動的繁忙景象。汴河沿岸的人們有在茶館休息的，有在看相算命的，有在飯舖進餐的。商店中有綾羅綢緞、珠寶香料、香火紙馬，此外屬於「第三產業」的還有醫藥門診、大車修理、修面整容等。大的商店門首還紮著「彩樓歡門」，懸掛市招旗幟，招攬生意，街市行人摩肩接踵，川流不息。《清明上河圖》裏有名有姓的商舖有好多家，最氣派的是「孫羊店」，此外還有劉家上色沉檀棟香、王家羅錦匹帛舖、孫家正店、趙太丞家藥肆、王家紙馬店等，從吃穿用到掃墓祭品一應俱全，表現了當時汴京商業的繁榮。

《清明上河圖》畫面中，有座橫跨於汴河上的木質拱橋，規模宏大，精巧優美，宛如飛虹凌空，因此名為虹橋。橋上人來人往，熙熙攘攘，熱鬧非凡，甚至還有搭棚子擺攤的販賣者。而在橋下河面上，一艘大船正準備從橋下經過。船頭還沒到橋邊，船夫們就已經做好種種準備，緊張忙碌起來：有用竹竿撐船的；有用長竿鉤住橋樑的；有用麻繩挽住船的；有的在大聲吆喝，要周圍的船隻注意；還有幾人忙著放下桅杆，以方便船隻通過。鄰船的人也在看熱鬧，指指點點，像在大聲吆喝著什麼。船裏船外都在為此船過橋而忙碌著。橋上的人也伸頭探腦地在為過船的緊張情景捏了一把汗。這艘運河裏的船在《清明上河圖》上構成了一個情節中心，正是有一個又一個這樣的情節中心，才讓這幅畫卷妙趣橫生。

《清明上河圖》裏記載的繁榮的都市景象，當時在全世界也幾乎是獨一無二的。這樣的繁榮離不開大運河。正是這條人工河流，讓汴京成為一座國際化大都市。

北宋滅亡後，受政治中心南移的影響，汴河的作用大減，並很快斷流。元明清建都北京，漕運改由元代開通的京杭大運河擔負，汴河逐漸被黃河泥沙淤沒於今開封城下數米乃至十數米之處。

通過對東京城遺址和古馬道遺址考古發現，地下很深的地方都是黃河淤積而成的沙土。自上而下，明清、元、隋唐的底層分層非常明顯。這樣，才形成了開封「城摞城」的奇觀。曾給開封帶來輝煌的汴河，早已隨著歷史車輪的前行從人們眼前消失，深深地掩埋在地下。

開封市文物考古研究所自 2007 年開始開展的「隋唐大運河開封段文物調查勘探工作」發現，汴河在開封境內可分為東京城區內和城外兩部分。東京城區段運河故道已經深埋地下 10 米左右，河床寬度為 14-23 米，州橋、虹橋、汴河糧倉等重要遺址就在該段汴河。東京城區外的汴河故道在開封境內全長 80 千米左右，但也同樣多淤沒於地表以下，僅部分地段地表尚存窪地。

黃沙已經掩埋了曾經的街市和橋樑，但是卻掩埋不了歷史的記憶，如今開封已經成為大運河線性景觀系統中的重要節點城市，曾因運河而生的許多繁華雖然早已不再，但歷史已經將一段特別的文化記憶烙刻在這座城市的深處。

《清明上河圖》可稱得上是中國古代流傳下來的繪畫作品中名氣最大的一幅，大家想必還對幾年前故宮博物院展出《清明上河圖》時的盛況記憶猶新。事實上，2002 年《清明上河圖》在上海博物館展出時，就曾出現了排隊長達 6 小時以上的現象。2010 年，在香港展出了上海世博會中國館「鎮館之寶」——電子動態版《清明上河圖》，為期 3 周的展覽所售出和預留給學校及

團體的門票總數超過了 78.5 萬張,大量門票在短短 6 天內全部售罄。最終,這次展覽共吸引了逾 90 萬觀眾參觀。數年之間,《清明上河圖》一路「升溫」。到了 2015 年,觀者若想在故宮中一睹這幅古卷的真容,就要做好等待幾個小時的準備。如果不想排隊等候,就只有加入「故宮跑」了。觀眾排了這麼長時間的隊伍,還那麼有耐心,我們心裏十分感激和欣慰。從中也能看到大家對傳統文化的熱愛、對文物意義的理解。

無錫：「運河佳絕處，放眼清名橋」

在大運河的沿線城市中，無錫是很有特色的一座。在國家文物局工作期間，因為「無錫論壇」的舉辦，我幾乎每年都去無錫，對無錫的了解也越發深入。

大運河無錫段全長 40.8 千米，這裏的運河航運至今仍然繁忙，是無錫最重要的運輸通道，船舶年流量超過 40 萬艘，是直通上海國際航運中心的內河集裝箱集疏運主通道。不僅如此，這裏更是不斷集聚著航運、生態、文化等方面的各類景觀。

無錫老城最初位於大運河與梁溪河之間，後來城區越過運河向東延展，形成了運河穿城而過的景觀，無錫老城獨特的龜背形格局就此奠定。1958 年，京杭大運河無錫城中段被填平成了道路，發展為現今無錫市內最為繁華的中山路。從此，大運河也就被城市的主幹道分成了兩股，分別從一東一西兩個方向圍繞城區環流，最後在跨塘橋匯合。匯合後繼續南流，在至下甸橋與 20 世紀 80 年代竣工的繞城新運河匯合。運河雖歷經滄桑變化，卻依然在社會經濟大潮的發展推動下，催生了無錫南北兩大商貿物流歷史街區——北門外的北塘大街和南門外的清名橋歷史文化街區。

清名橋歷史文化街區和惠山古鎮兩條老街沿著運河南北呼應，是典型的江南水鄉，也是典型的江南運河街區景觀。流淌的運河把江南的市井風情、工商文化、歷史文化串聯起來，這樣的遺產資源是不多見的。

這兩條老街，先後躋身中國歷史文化名街行列，我在擔任國家文物局局長時為這兩條老街掛了牌，這是記憶猶新的事。清名橋全長 43.4 米，高 8.5 米，是無錫段運河上最古老、規模最大、保留最完整的單孔石拱橋。橋身為花崗石構築，造型古樸，少有雕飾，只在橋頂兩側正中刻了橋名。

清名橋始建於明代萬曆年間（1573–1620 年），原名「清寧橋」，為無錫寄暢園第四代主人秦燿之子秦太清、秦太寧捐資所建造。寄暢園是無錫著名的園林，秦氏家族產生過許多顯赫一時的人物。在秦燿之前，這個園子名為「秦園」，至他成為主人時，才易名寄暢園。清寧橋是秦氏家族捐資造的橋，各取太清、太寧兄弟倆名中一字命名。到了清代道光年間（1821–1850 年）重修此橋時，為避道光帝旻寧諱而改為清名橋。

清名橋位於鬧市中心——「南門外」古運河與伯瀆河交匯處，連通古運河兩岸的南長街和南下塘，自古以來就是無錫城裏的鬧市。運河航運繁忙時，清名橋一帶的碼頭通往東南各鄉鎮的班船每天有 18 班。

清名橋歷史文化街區內文化遺存十分豐富，有 20 多處文物保護單位。

2006 年，全國政協「大運河保護與申遺考察團」考察無錫從跨塘橋至清名橋 1.5 千米長的古運河段，認定這裏是「最具原生態風貌的古運河文化絕版之地」，把這裏形容為「江南水弄

堂，運河絕版地」。在 20 米寬的河道兩岸，無錫市民傍河而居，每隔四五家就有磚石台階伸入河水中。每一家都是「前街後河、前店後坊」的格局，前門上橋逛街，後門洗菜下船，因河設市，江南水鄉圖景歷歷在目。

不僅如此，無錫的水鄉生活碼頭場景也與時俱進，與工商業有機融合起來。明清時期，無錫成為與漢口「船碼頭」、鎮江「銀碼頭」齊名的「布碼頭」。無錫是魚米之鄉，米市居全國四大米市之首，這也使得無錫成為江南漕運的儲運轉送中心，每年進出漕糧 100 多萬石，在漕運繁盛時，無錫有糧行 140 多家。無錫還是民族資本主義率先得到發展的幾個城市之一。光緒二十一年（1895 年），無錫第一家近代工廠——業勤紗廠在運河邊建成。此後無錫第一家麵粉廠茂新麵粉廠、第一家繅絲廠裕昌絲廠等都依靠運河的地利之便，如同雨後春筍般在大運河邊、梁溪河畔陸續建成。無錫後來形成了六大民族資本集團，分別為榮家、楊家、周家、薛家、唐蔡家、唐程家。他們從事不同的行業生產，但其廠房、倉庫、煙囪、水塔、居所均設於運河邊。這種建築格局也記錄了古老中國從農耕文明向現代工業文明的轉型。

無錫市歷來重視對運河沿岸工商業遺存的調整與利用，保留完整的近代民族工商業遺產達 42 處，相當一部分已建成博物館或作為名人故居對外開放。在清名橋歷史文化街區就可看到，運河西岸的永泰絲廠舊址已改建為中國絲業博物館。地處古運河和梁溪河交匯處的榮氏兄弟茂新麵粉廠則改建為中國民族工商業博物館。當年依託運河發展繁榮起來的米碼頭、布碼頭紛紛轉變為創意產業園區。

時隔數年，再看無錫清名橋等遺存，我的評價是，這「江南

水弄堂」基本朝著良性的方向發展。特別是清名橋歷史文化街區在二期保護中，注重老民居與沿河人家生活方式的保護。這值得讚賞，畢竟人文氣息才是老街的生命力。

文化遺產的保護與利用，能否找到一個平衡點？這個問題的答案正如解決很多難題一樣──事在人為。

我曾在接受無錫媒體採訪時給大運河保護提出六點建議：注重運河水體、水系保護，沿河段切忌房地產開發；保護古老建築的同時，也要保護好老菜場、老字號等民間遺產；從文物單體保護向線性文化遺產保護轉變，注重線段保護；保護古代的遺產，也要注重當代文化的創造，讓人看到不斷生長的運河；靜態保護與動態保護相結合，呈現居民的生活氣息，是活著的運河；物質文化遺產保護與非物質文化遺產保護相結合，使其成為非物質文化遺產展示窗口。

這些建議也是我在考察了多個保護成功與不甚成功的遺產點之後總結出來的。大運河要以世遺的標準，而不是申遺的標準要求自己，才能體現其風範。

一段時間以來，無錫成為國家文化遺產保護的「風向標」。國家文物局設立的「無錫論壇」，每年結合國際社會文化遺產保護理念的進步和中國文化遺產保護的實際，發動對一類新型文化遺產的保護行動，例如 2006 年的工業遺產保護，2007 年的鄉土建築保護，2008 年的 20 世紀遺產保護，2009 年的文化線路保護，2010 年的文化景觀保護，2011 年的大運河遺產保護。這些文化遺產保護理念的進步，也使大運河保護的內涵更加深刻，保護的外延更加豐富，社會效益不斷擴大。

自 2006 年 6 月，國家及運河沿線各地秉承民意，正式啟動

大運河保護和申報世界文化遺產工作以來，各地政府和民眾對待這項工作的熱情持續高漲。無錫市堅守運河城市的文化傳統，堅持科學態度和人文精神妥善處理城市發展與運河遺產保護的矛盾，在探索與實踐中保住了城市的獨特風貌，凸現了無錫的文化魅力。無錫市政府投入大額資金，用於清名橋街區企業的搬遷，又大力支持利用企業騰退的廠房建立無錫絲業博物館、窯業館、運河藝術館和 1955 創意產業園等文化設施，對文化遺產研究、保護和利用起到了積極作用。

　　這些都記錄在無錫的歷史中，也記錄在大運河的歷史中。

湖州：「十字港」上的南潯古鎮

南潯鎮位於頔塘東端，是頔塘最知名的大運河古鎮。南潯鎮原為一村落，位處蘇、嘉、湖、杭四城市的交會處，是湖州至蘇州、嘉興、上海水陸交通的必經之地。於南宋時期發展擴大，成為市鎮。明清時期，南潯因蠶桑業、手工繅絲業而發展繁榮，並依靠大運河支線——頔塘運河的交通便利，發展形成了基於頔塘運河的獨特十字港架構格局。據清代的《南潯鎮志》記載，該鎮在明末清初時已是「闤闠鱗次，煙火萬家，苕水流碧，舟航輻輳，雖吳興之東鄙，實江浙之雄鎮」。至道光年間（1821–1850年），南潯「東西南北之通衢，周約十里，郁為巨鎮」。南潯鎮完全是一個小型水城的結構，「十」字形河道是鎮上交通的骨架，鎮北河溪兩旁遍佈碼頭水埠和店舖，河與街並行，水埠以踏步石作的基本形式從河岸延伸至市鎮入口，沿西線運河兩岸，尤其是蓮花橋至長橋之間，河道寬而逶迤，臨河而建的民居高低錯落，趣味橫生。

南潯的輯里湖絲又稱「輯里絲」，堪稱絲中極品，因產於南潯鎮輯里村而得名。輯里絲一直作為帝王的御用品，帝王的黃袍

明確規定必須用輯里絲製造。據《徐愚齋日記》載，英國女皇過生日，有人因為把輯里絲作為禮品進獻而獲獎。清代咸豐元年（1851年），英國倫敦首屆世博會，輯里絲又獲大獎。即使現在，輕、白、淨、柔、韌的南潯蠶絲仍然是全國高品質蠶絲的代表。

因為有輯里絲這一特產，再加上運河便利的運輸條件，南潯一直比較富庶。同時，因為國際貿易活躍，這裏在近代也較早地接受了西方的文化，所以今天我們去南潯南西街上遊覽時可以發現，這個江南小鎮上的建築不僅是小橋流水的江南風格，也有高堂廣廈的西式建築元素，這種風格在江南名鎮中十分鮮明。

南潯的絲業在古代就已經很有名氣，清代董蠡舟《賣蠶詩》一文寫道：「就中分列京廣莊，畢集南粵金陵商。」可見此時，大江南北的絲商已經雲集於此。乾隆時人曹仁虎的《潯溪竹枝》詩記敘了通津橋旁「絲行埭」交易的景象：「紅蠶上簇四眠過，金繭成來欲化蛾。聽道今年絲價好，通津橋口販船多。」

20世紀初，作為名甲天下的南潯輯里絲的主要產地和集散地的南潯古鎮，依託大運河及周邊地區發達的桑蠶與農耕經濟，孵化出中國最大的絲商群體，南潯也一躍成為江南重要商業城鎮。當時，南潯的劉、張、龐、顧四大家族資產已躋身於中國一流巨商之列。

今天我們去南潯時，依然可以見到那些高大的名宅。這其中，張石銘宅、張靜江宅、劉墉和劉承幹宅等絲商住宅，最為顯著。劉家的小蓮莊，是南潯保存最為完整的私家園林。它位於南潯鎮西南的萬古橋西，劉鏞於清光緒十一年（1885年）始建，後經劉家祖孫三代40年的續建，到1924年，才在劉鏞的

長孫劉承幹主持下完全建成。由於劉家人較早接受了西方文化的薰陶，使得小蓮莊的建築呈現出土洋並舉的風格。小蓮莊中的東升閣及劉鏞三子劉安泩的崇德堂、劉承幹的求恕里宅院和張石銘宅院等，對於西式建築風格採取「拿來」的策略。比如，光緒三十四年（1908 年）竣工的崇德堂，由南、北、中三部分組成。中部建築以傳統吳興住宅建築為本；南、北部建築與歐式建築糅雜，又以北部古典歐式建築立面最為壯觀：清水紅磚，水泥嵌繞，兩層拱券式廊道造型與兩窗戶形式統一，碩壯而勁捷的多立克式水泥柱在紅牆的襯托下益顯光彩，而兩側的山牆則運用了傳統的封火屏風式，高標聳立在屋面上。

這種「混搭」型的建築風格，以其標新立異和壯觀奪目而為南潯當地富豪們所推崇。張氏舊宅是國民黨元老張靜江堂兄張石銘的私家住宅，建於清光緒二十五年至三十二年（1899–1906年）。整座大宅建築面積達 6137 平方米，有著 244 間各類建築風格的房間，一部分為晚清中式建築，廳堂內往往鋪設著法國進口的地磚，懸吊著西洋畫裝飾的天花板；其餘為西歐巴洛克風格建築，卻鑲嵌著中國傳統的花卉雕刻等。雖然高度「混搭」，但十分和諧。這可以作為運河文化與絲綢貿易結合的範例。無論是大運河還是海上絲綢之路，除了具有經濟的功能，在今天看來，更具有文化交流與塑造的能力。

倉廩實而知禮節，作為江浙人文淵藪的組成部分，南潯歷史上出過 3 位位極人臣的大學士，分別是沈榷、朱國禎和溫體仁。其中明代尚書、文淵閣武英殿和建極殿大學士朱國禎為官正直，反對閹黨把持朝政，所著《湧幢小品》為後世研究明史必讀書。同樣出身南潯的還有近現代書畫鑑藏家龐萊臣、張蔥玉，古錢幣

收藏名家張叔馴等。南潯的顧氏家族向以興學尊文著稱，1939年顧乾麟以其父之名在上海創辦了面向清寒、優秀中學生的「叔蘋獎學金」，是中國近代以來歷史最為悠久的民間獎學金，因在抗戰時仍籌款辦獎學金而傳為佳話。南潯小鎮上還有著高品質的藏書樓館，尤以建於 1920 年的南潯嘉業堂藏書樓保存最完好，王國維、鄭孝胥、羅振玉、吳昌碩和張元濟等人都曾為之供本刻印。此外，還有劉桐的「眠琴山館」、蔣維基的「儷籝館」、蔣維培的「求是齋」、蔣汝藻的「密韻樓」等，整座小鎮的文化歷史氣息十分深厚。

南潯鎮歷史文化街區總面積 1.68 平方千米，較為完整地體現了清末民初南潯古鎮的街區格局和歷史風貌。街區內重要保護建築向公眾開放展覽，其餘民居建築基本保持了原有的居住功能，依然是南潯鎮區內核心居民區。

沿河景觀，因「運」而生

　　前文介紹的幾處與運河有關的城市、街區均具有一定的代表性，但並不能代表運河城市、運河村鎮、運河街區的全部。許多與運河結合緊密的城市，比如京杭大運河的起點杭州與終點北京，有更多為運河所塑造的城市景觀，例如杭州的拱宸橋、北京的什剎海。此外，還有蘇州的山塘街、聊城的東昌府、臨清的老街、棗莊的台兒莊、天津的三岔河口等地，也都有著豐富的運河文化資源。

　　列舉這些大運河畔的城鎮街區，不過是為了讓更多讀者能夠了解一條蜿蜒的運河為經濟、社會、文化所帶來的變化，從而更加堅定大運河保護是我們不可推卸的歷史使命這一信念。在漫長的歷史長河中，受自然侵蝕或人為破壞的影響，很多在世界範圍內具有重要意義的大運河遺產都已湮滅殆盡、無法尋覓。這就使得那些保存至今的大運河遺產顯得尤為珍貴。它們見證了中國古代勞動人民的天才創造，代表了人類傑出的創造精神，具有無可比擬的重要性。為此，2006 年國務院將京杭大運河整體公佈為第六批全國重點文物保護單位。然而，城市化進程的加速和人口

不斷膨脹帶來的巨大壓力，使這些為數不多的大運河遺產變得更加脆弱，一些已列為當地規劃保護的大運河遺產仍未能免遭破壞的厄運。因此，這迫切需要我們進一步統一認識，緊急採取有效措施，為國家、民族、子孫後代全力以赴、爭分奪秒地搶救大運河遺產，延續大運河流淌千百年的生機和活力，弘揚中華民族自強不息的精神與追求。

大運河保護工作極為複雜艱巨，容不得絲毫懈怠、半點馬虎。尤其在城市化快速發展、城鄉建設規模空前的階段，大運河遺產及其特色保護尤為緊迫。運河沿線城市大多因運河而生、因運河而興，運河滋養了各方土地的千姿百韻，運河城市的萬方儀態也構成了大運河文化的無窮魅力。近年來，在大運河沿線，無錫等城市被列入中國歷史文化名城；蘇州市甪直鎮、湖州市南潯鎮等村鎮被入選中國歷史文化名鎮名村；無錫清名橋歷史街區、揚州東關街等街區入選中國歷史文化名街。在大運河保護與整治中要科學行動，堅守大運河文化傳統，避免對大運河精神理解的錯位。

大運河保護要避免「打造」趨於同化的城市景觀，避免因缺乏科學態度和人文意識而使整治後的城市沿河景觀出現雷同的、缺乏生機的水泥護坡以及千篇一律的水邊廣場和房產開發項目。要避免因不科學的整治而丟失了運河城市原汁原味、風味十足的地方特色，使得大運河景觀變得生硬、淺薄和單調，也徹底損害了大運河的整體價值。

沿運河的文化景觀需要更多的了解，不管是官方還是民間。只有更了解大運河的歷史，才能更清楚地認識沿運河文化景觀的歷史價值。

《清明上河圖》

　　中國北宋風俗畫作品。作者張擇端。絹本，淡設色，縱 24.8 厘米，橫 528.7 厘米，目前收藏在故宮博物院。「清明」，為中國農曆二十四節氣之一。按民間風俗，這個節日的主要活動是祭掃先人塋墓。也有人認為此圖「清明」指汴梁外城東郊的清明坊。但一般認為《清明上河圖》是描繪北宋京城汴梁及汴河兩岸清明時節的風光。開卷處畫汴京近郊鏡像，疏林薄霧，農舍田疇，有往城內送炭的小毛驢馱隊。漸次柳樹成叢，嫩綠新發，行人往來，其中有踏青掃墓歸來的轎乘隊伍和長途跋涉的行旅。中段寫汴河，巨大的漕船，或停泊於碼頭，或往來於河心，一片繁忙景象。汴河上有一座規模宏敞的橫跨拱橋，其橋無柱，以巨木虛架而成，結構精巧，形制優美，宛如飛虹。橋的兩端緊連著街市，車馬行人，南來北往。畫中一般巨大的漕船，正在放倒桅杆，準備過橋，船夫們呼喚叫喊，緊張操作，引來了看熱鬧的人群，該場景為全畫的一個高潮。後段寫市區街道，以高大雄偉的城樓為中心，兩邊街道縱橫，房屋鱗次櫛比，有茶坊、酒肆、腳店、肉舖、寺觀、公廨等。各類商店經營著羅錦布匹、沉檀香料、香燭

紙馬等。另有醫藥門診、大車修理、看相算命、修面整容等,各行各業應有盡有。街市上行人摩肩接踵,絡繹不絕,士農工商,男女老幼,各個階層人物無所不備。

《清明上河圖》寫實性很強,時代氣息濃厚。畫面細節刻劃真實,如橋樑的結構、車馬的樣式、人物的衣冠服飾、各業人員的不同活動等,描畫具體入微,生動豐富,反映了社會生活和物質文明的廣闊性與多樣性,有著文字難以替代的文獻史料價值,是了解 12 世紀初中國中原城市生活極其重要的形象資料。在表現手法上,《清明上河圖》採用了傳統的手卷形式,全圖以不斷移動視點的辦法,即「散點透視法」來攝取所需的景象。繁而不亂,長而不冗,段落分明,結構嚴謹。畫中人物多達 500 餘人,不唯衣著不同,神情氣質也各異,而且穿插安排著各種活動,其間充滿著戲劇性的情節衝突。其筆墨技巧,兼工帶寫,線條遒勁老辣,與一般的界畫大不相同。《清明上河圖》無作者款印,根據卷後金大定二十六年(1186 年)張著的跋語,得知作者是張擇端。卷後其他題跋詩文的還有金代張公藥、王磵、張世積,元人楊準,明代李賢、李東陽、吳寬、陸完、馮保等人,說明此圖曾經被北宋、金、元、明、清內府和許多私人收藏過,是一幅流傳有緒的名跡。

四

智者的河流

大運河形成了一個規模龐大的航運工程體系。河道、碼頭、船閘、橋樑、堤壩等水利設施，無不凝聚著千百年來無數智者的心血。大運河貫通海河、黃河、淮河、長江、錢塘江五大水系。這些自然形成的河流，每一條都有著獨特的水文條件，就像五個性格迴異的大力士，而大運河猶如一位包容的智者，把它們聚攏在一起，形成了中華民族的黃金水道。

運河的歷代建設者克服了多變的地形高差，巧妙利用沿線江、河、湖、泊等多樣的水資源條件，經過持續的建設和不斷地適應與改造自然，實現了世界上最早的水資源空間調度。大運河的選線設計，體現了古代中國人民在地形測量、水文勘察、水利規劃等方面的高超智慧。

孔子說：「仁者樂山，智者樂水。」在大運河開發、保護和利用的歷史中，處處都可見到智者的身影。

沈括、宋用臣：分段築堰，導洛通汴

北宋時期，東京開封府（今河南開封）、西京河南府（今河南洛陽）一帶是國家的政治經濟中心，此地的汴河便是當時主要的水上運輸線。

汴河即通濟渠，為隋代開掘的大運河中的一段，從洛陽西苑引穀、洛二水入黃河，經黃河入汴水，再沿春秋時吳王夫差所開的運河故道引汴水入泗水，最終到達淮水。因運河主幹在汴水一段，故習慣上稱之為汴河。古代城市通常依河而建，以解決飲水和交通等諸多問題，汴河就是北宋國都開封的重要水路。加之宋太祖趙匡胤在建國之初，採納了趙普「稍奪其權，制其錢穀，收其精兵，則天下自安矣」的策略，各地官府正常開支以外的財物均須運送到開封，汴河作為水運命脈的重要性自是不言而喻。

汴河作為一條人工河，面臨著水源的問題，當時它的航運主要依靠引黃河水。黃河水量充足，按說汴河的航運沒有大問題。但我們都知道，黃河在水文上有兩個不利的因素，千百年來許多水患因此而起。其一是黃河水的流量隨季節變化大，所以顯得「情緒很不穩定」，另一個眾所周知的問題，就是黃河水含沙量

大，容易淤積河道。自然，這兩個不安定因素給汴河的航運帶來了一系列的複雜問題。例如，黃河水量的不確定性使得黃河入汴河的水口經常變動，有時無法控制進水量；河道淤積嚴重，需要經常清淤，以保證洩洪和航運。

對此，宋代圍繞汴河開展了大規模的工程建設。在汴口的建設方面，為了適應其經常變動的特點，北宋沒有興建永久性的閘門以節制黃河進水量，而是採用最簡單的辦法——人工控制汴口的寬窄以節制流量。汴河水漲時，把汴口塞小；汴河水落時，將汴口拓寬。宋真宗大中祥符二年（1009 年），汴河水大漲，「詔選使乘傳減汴口水勢。既而水減，阻滯漕運，復遣浚汴口」（《宋史・河渠志三・汴河上》）。由於汴口每年都有水利工程，北宋朝廷為此還專設一官職，負責汴口的施工，役卒則隨時調撥。此後基本形成定制。總之，每年開展的汴口建設不分季節，都是根據河流水情而定。人工控制汴口具有在技術上簡單易行，又能就地取材、方便靈活等優點。北宋時期就是用這種簡易的辦法解決了引黃濟汴的水量問題，使汴河發揮出巨大的航運作用。

對於汴河的清淤，北宋時期主要採取兩種辦法，一種是「疏浚法」，即直接進行人工清淘；另外一項技術措施是「狹河工程」。顧名思義，「狹河」就是讓河道變窄，河道一窄，流水就變湍急，這樣泥沙未及沉積就被帶走了。「狹河」在當時是採用木樁、木板束起河堤，這樣經過「瘦身」的汴河就更容易行舟了。司馬光在《涑水記聞》卷九中記載：「汴張鞏建議大興狹河之役，使河面俱闊百五十尺，所修自東京抵南京，南京已下，更不修也。今歲所修止於開封縣境。」

雖然有上述兩種方法，但清淤工作仍然十分麻煩。

熙寧五年（1072 年），朝廷詔令沈括治理汴河。沈括（1031-1095 年）是宋代著名的科學家。像許多古代的科學家一樣，他是一位通才，其著作《夢溪筆談》中包含天文曆法、地理建築、政治經濟、法律軍事、宗教風俗、文學藝術等自然和人文科學方面的思想見聞。沈括對於水利也頗有研究，他的第一份工作為沭陽縣（今屬江蘇）主簿，在這個工作崗位上，他曾因成功治理了沭河而被當地百姓擁戴。沈括得益於自己在數學、地形測量等方面的知識和早年積累的治水經驗，對汴河的水流、兩岸的地勢、河床深淺進行實地考察，整理大量有價值的數據，並據此制訂出詳細而具體的疏浚方案。

沈括的汴河治理工程可以分成三個部分：第一，全力疏通汴河，挖出沉積的淤泥；第二，將淤泥用於改造鹽鹼地；第三，截斷黃河水，引洛水入汴河。黃河水含沙量高而洛水清澈，這種換水源的方式可以有效防範淤積。

治理汴水是一項複雜的工程，特別是更換水源、河流改道，在生產力還不夠發達的農業社會，許多環節是十分辛勞的。沈括在治理過程中，精確地測量出從開封上善門到泗州淮口之間的距離為「八百四十里一百三十步」，約 420 千米。這在測繪方面是一個開創性的成果。

《夢溪筆談·雜誌二》詳細記錄了沈括所使用的測量之法：「驗量地勢，用水平、望尺、幹尺量之，不能無小差。汴渠堤外，皆是出土，故溝水令相通，時為一堰節其水；候水平，其上漸淺涸，則又為一堰，相齒如階陛。乃量堰之上下水面，相高下之數會之，乃得地勢高下之實。」當時已普遍使用「水平」等儀器來測量地勢高低，但測量精確度往往隨距離增加而降低，產生

誤差。於是沈括創造了一種新的測量方法——「分段築堰」法。沈括利用汴渠堤外過去取土後留下的舊溝，將汴渠與之溝通，使舊溝成為與汴渠相連的河道，然後往裏灌水，將水積蓄起來。水面平穩後，在靠近上游處築第一級橫截的堤堰，然後再往上一級河渠中灌水，等水面平穩了再築第二級橫截的堤堰。就這樣逐級升高，保證每級之間的水面同時處於水平、靜止的狀態。然後測量各級水平面，分別量算出各級之間的高差，相加後即得到總高差。利用這種方法，沈括不僅測得「京師上善門量至泗州淮口」的精確距離，還測得「京師之地比泗州凡高十九丈四尺八寸六分」。沈括獨創的「分段築堰」法具有較高的測量精度，而且在此前世界上從無先例，令人不得不佩服其匠心獨運。

沈括不但做平面測量，而且做地形測量。他所用的方法在今天看來雖然不是太完善，但其結果也不會有大誤差。沈括所用的測量儀器雖然未必精密，但對於河堰的高度單位已經精確到了寸，也可見他做事的精細。現代地質學家、物候學家竺可楨先生在評價沈括首創的地形測量方法時，說：「歐洲古代，希臘雖曾測海岸之遠近，羅馬盛時亦有測量街道之舉，但地形測量在括以前則未之聞。」國外最早的地形測量是俄國於 1696 年開始的頓河測量，比沈括要晚 600 餘年。

在治理汴河之後，宋神宗熙寧六年（1073 年），杭州於潛縣縣令郟亶上疏，稱蘇州環太湖地區多水，而沿海地區地勢高容易乾旱，希望修築圩堤，治理水患。朝廷採納了這一建議，由沈括任兩浙察訪使，負責完善這一地區的水利工程。沈括用了半年時間巡視兩浙各地，考察民風民俗和農田水利建設情況。他以實地考察所取得的資料為基礎，對地方管理中存在的諸多問題提出

了整改措施，再次用自己對於水利工程的高超見識造福了一方百姓。

為了紀念他，1979 年，中國科學院紫金山天文台將一顆小行星命名為「沈括星」。

此後，宋神宗元豐元年（1078 年），都水監丞范子淵奉詔實地勘測，再次提議「導洛通汴」。按范子淵的想法：氾水、索水、洛水與汴河比較，尚有九百餘尺的盈餘，可以暢入汴河。如果洛水的水量不夠，可再以黃河水為補充。為保證水勢能夠被控制在所需要的範圍內，每百里設有一個木閘。此外，汴渠兩旁還有許多水源，都可以作為輔助。只要汴渠能保證有五尺的水深，就可以保證航線的暢通。范子淵設計的引洛入汴的主要工程有：從鞏縣神尾山起，至士家堤止，築大堤四十七里以捍黃河，自沙谷至河陰縣十里店，穿渠五十二里，引洛水入汴。

如前文所言，在古代要興修如此宏大的水利設施不是一件容易的事。宋神宗又命蔡州觀察使宋用臣再次對這項工程進行勘查。《宋史·河渠志四·汴河下》有對此勘察過程的詳細記載：「（元豐）二年正月，使還，以為工費浩大，不可為。上復遣入內供奉宋用臣，還奏可為，請『自任村沙谷口至汴口開河五十里，引伊、洛水入汴河，每二十里置束水一，以芻楗為之，以節湍急之勢，取水深一丈，以通漕運。引古索河為源，注房家、黃家、孟家三陂及三十六陂，高仰處瀦水為塘，以備洛水不足，則決以入河。又自氾水關北開河五百五十步，屬於黃河，上下置牐啟閉，以通黃、汴二河船筏。即洛河舊口置水溠，通黃河，以洩伊、洛暴漲。古索河等暴漲，即以魏樓、滎澤、孔固三斗門洩之。計工九十萬七千有餘。仍乞修護黃河南堤埽，以防侵奪新

河』。從之。」

　　這就是説，雖然這種方法費工費時、耗資巨大，但宋用臣同樣認為這個方法是可行的。而且宋用臣的計劃比范子淵考慮得更為周全，特別是對防止伊、洛河暴漲有較為妥善的應對措施，對清汴後通航有較大的把握，所以宋神宗採納了這一建議，並差宋用臣提舉導洛通汴工程。

　　導洛通汴工程於宋神宗元豐二年（1079 年）三月開工，到六月完工，七月閉汴口斷黃河水，改用洛水入汴，並通漕運。到宋哲宗元祐五年（1090 年）十月再導黃河水入汴止，前後共 11 年。在此期間，清汴對改善汴渠航運起到了很大的作用，通航期大為延長。由於洛水含沙量少，汴渠淤積速度大為減緩，清汴效果顯著。清汴不僅解決了運河水源存在的問題，而且綜合利用了測量、開鑿、置閘、防洪、水櫃等各項技術，是宋代為改善和發展人工運河所取得的重大成就。這項工程規模浩大，北宋中葉政局又較為動蕩，所以在各類史書中對此有不同的評價，但今天回過頭來看，這的確是人類利用運河、造福社會的偉大嘗試。

郭守敬：尋找白浮泉

　　大運河上的工程奇跡比比皆是，不出北京就能見到。比如北京通惠河的白浮甕山河段，這裏解決了京杭大運河北京段的水源問題。這段河道自昌平區東南白浮泉起，終至甕山泊（今頤和園昆明湖），最終把水引進城內的積水潭。

　　京杭大運河的北起點是北京，位於北京的這一段河道被稱為通惠河。京杭大運河在開鑿至北方時，水源就成了一個大問題，尤其是到了通州。如何能夠找到水源，讓運河進入元大都（今北京）呢？這就不能不提到元代偉大的科學家郭守敬。

　　郭守敬（1231–1316年）是元代著名天文學家、數學家、水利工程專家。他著有《推步》、《立成》等14種天文曆法著作，是《授時曆》的編製者，還改制、發明了簡儀、高表等12種新儀器。他也是最早在水利工程中使用「海拔高度」概念的科學家。同沈括一樣，郭守敬也是一個「全能科學家」。具體到大運河，郭守敬的貢獻更加不能忽略。他可以說是元代大運河的「設計總監」和「首席專家」。

　　元至元八年（1271年），忽必烈定國號為「大元」，定都大

都。漕運從來都是以首都為中心，首都遷到了大都，運河就得改道。當時也有海運渠道，南方的糧船從江蘇太倉航行至直沽（今天津），然後再從白河（即北運河）達通州。或者是漕糧沿江南運河、淮揚運河、黃河、御河（衛河，相當於永濟渠中段）、白河抵通州。這條航線在理論上也是可以通行的，但是路徑曲折無比。中原一帶的漕渠本來就因為多戰亂而受到損毀，在河南還有約 100 千米要走陸路。更令人撓頭的是，金國入主中原後漕運幾乎停滯，汴水的堤壩已經久久沒有修飾，靖康之亂後，汴河上流出現了許多決口之處，大的口子有百步之寬。以至於「塞久不合，乾涸月餘，綱運不通，南京及京師皆乏糧」（《宋史·河渠志四·汴河下》）。元世祖定都大都時，汴河早已殘敗不堪，亟須疏浚修補。由此，如何充分利用原有大運河，將其截彎取直，改為從淮北直接穿過山東再達大都，成為元朝廷漕運的當務之急。

這一重任落在了郭守敬肩上。元至元十二年（1275 年），元軍在揮師南下進攻南宋時，朝廷命郭守敬在河北、山東一帶尋找可通航的河道。《元史·郭守敬傳》載，郭守敬從陵州（今屬山東）到大名（今河北大名東南），又從濟州（今山東濟寧）至沛縣（今江蘇沛縣），南至呂梁（今江蘇徐州東 28 千米廢黃河北），又自東平至綱城，又自東平清河（今山東東平西北，黃河之南）逾舊黃河至御河，自衛州（今河南輝縣）御河至東平，自東平西南水泊至御河，廣泛考察，得出汶水、泗水與御河相通的形勢，繪製出了設計圖紙。郭守敬在華北地區深入考察後，初步規劃出了大運河「截彎取直」的方案，就是將隋代運河裁彎取直，北端自大都起至通州保留永濟渠河北段，後進入山東德州，再南下聊城、臨清、濟寧，進入永濟渠、山陽瀆，經揚州越過長江與江南

運河連通，直達運河最南端的杭州。這一規劃路線深受元世祖認可，至元十八年（1281 年）十二月忽必烈下令修建濟州至須城（今山東東平）安山鎮的濟州河，翌年十二月完工，全長約 75 千米。

此後，至元二十六年（1289 年），鑿通郭守敬早就勘察規劃好的會通河。濟州河、會通河（明代重浚會通河後，將此二河段統稱為會通河）的開通使山東運河水系初具規模，大運河不再取道河南，而從江南取道山東、河北直奔京師，這也真正奠定了全長 1794 千米的京杭大運河規制和基礎。

1289 年從東平到臨清的會通河竣工，大運河實現了「截彎取直」，從根本上改變了淮河以北運河的走向與格局。從北京到杭州一舉縮短了 500 多千米的航程。但此時大運河還只是通到通州，沒有真正進入北京城。至元二十八年（1291 年），郭守敬任都水監，負責修治大都至通州的運河。這時擺在他面前的第一個難題就是尋找水源。郭守敬在昌平東龍泉山腳下發現一股水量充足、長年不竭的泉水——白浮泉，於是便想把這股泉水作為運河水源，引入大都。他大膽提出建議：「上自昌平縣白浮村引神山泉西折南轉，過雙塔、榆河、一畝、玉泉諸水，至西水門入都城。」（《元史・河渠志》）

今天我們考查這條郭守敬開鑿的引白浮泉水入京水源渠道，就會發現這條 32 千米的蜿蜒水道是十分精密的。

它沒有取直線，目的是為了繞過清河與沙河兩條地勢較低的河流，白浮泉與積水潭的落差僅為 4 米，縱坡降在萬分之一左右，在沒有現代化測量儀器的元代，能夠做到如此周密精確的設計，是令人嘆為觀止的。嚴密的地形與水資源勘查後修建的這條

引水渠道，為水資源匱乏的北京成功地開闢了新水源，實現了跨河調水。這條引水線路是如此科學，以至於今天的京密引水渠仍基本沿襲了當時設計的路線。

白浮泉充沛的泉水保證了通惠河穩定的水量，使得南來漕船可以經通惠河溯流而上直抵都城。這段河道的沿山區邊線依等高線設置，並且設置清水口 12 處；採用河流與渠道平面交叉技術，接納沿線山泉水源，沿線設置的立體交叉工程也是 12 處，這看似是數字上的巧合，實際也是由水利工程內在規律決定的，以今天的水利科技水平衡量，其設置仍十分合理。通惠河及其水源工程奠定了北京城市引水路線及城市水系的格局，直至今日依然沒有改變。

至元二十九年（1292 年），郭守敬引白浮泉水匯入甕山泊。甕山泊儲水量顯著增加，成為北京歷史上第一座水庫，保障了大都與通惠河的供水。之後他又開鑿通惠河，並修建了分段控制水流的 24 座閘壩，以便於行船，確保漕船逆流而上，直達積水潭。

至元三十年（1293 年）通惠河建成後，來自南方的糧船沿運河直抵北京城內的積水潭，實現了中國大運河的第二次大貫通。積水潭成為大運河最北端的漕船終點碼頭，周邊城區也隨之空前繁榮起來。

郭守敬的規劃隨著大運河一起惠及後世，後人也沒有忘記他。在他的故鄉邢台以及他興修水利的寧夏、北京等地都建有郭守敬紀念館。1970 年，國際天文學會將月球上一座環形山命名為「郭守敬環形山」。1977 年 3 月，國際小行星中心將小行星 2012 命名為「郭守敬小行星」。中科院國家天文台也將國家重大科技基礎設施 LAMOST 望遠鏡命名為「郭守敬天文望遠鏡」。

宋禮、白英：南旺分水樞紐

　　大運河在進入山東境內時，遇到了另一個通行難題：山東南部多為丘陵多山地形，地形複雜，水源也不比江南豐富，在這種條件下怎能保持通航呢？

　　這就涉及這一段運河也就是濟州河的線路設計。濟州河的貫通依然與郭守敬有關。他實地考察後，決定引海拔較高的汶水入運河，從而實現了大運河在整個河段海拔最高地區的通航。

　　但是，元代的會通河和濟州河均位於山東境內的黃河沖積平原上，地勢南北低、中間高，因此河道缺水斷流就難以避免。濟寧南旺是大運河全線海拔最高的點，向南至徐州段黃河運口，向北至臨清衛河運口，高差近 20 米，極易造成運河缺水、漕運阻滯。一旦缺水斷流，就只能通過陸路轉運、車拉人挑，費時費力，嚴重影響了漕運的效率。

　　到了明代永樂九年（1411 年），工部尚書宋禮（1359–1422年）奉旨疏浚河道，運河的水太淺，行不了船，無法保證運輸，宋禮為此一籌莫展。相傳宋禮為解決難題而沿著汶河私訪，在汶上縣白家店村遇到民間水利專家白英老人。正如許多古典文學

中的隱士高人一樣，這位汶上老人白英是一位精通地理水勢的飽學之士，他博學多才，不求聞達。老人根據自己 10 多年觀察汶上、東平、寧陽、兗州、泰安等地地形水勢的經驗，提出在戴村附近攔汶河築壩，再挖一條輸水渠將水引到南旺入京杭運河。南旺地形較高，可作為南北分流的水脊。

宋禮根據白英老人的提議，利用大汶河上的坎河口地勢高於南旺這一條件，在坎河口率 3 萬餘人修建戴村壩，引汶水至南旺。開始開挖小汶河引汶水至南旺汶、運交匯處的分水口，入大運河後南北分流，保證運河有足夠的水源。同時，為有效調節運河水量，疏浚「三湖」作「水櫃」，並建閘壩、斗門等水工設施，根據運河水的枯漲而進行調節，以保證運河安全通暢。由此，南旺成為運河南北分水之咽喉，並在分水口南岸陸續修建了以分水龍王廟為代表的建築群。

南旺分水口最初並不完善，只是簡單的一個河口，汶河水從東而來，直沖運河西岸，隨後再南北分流。至於分水比例，則由河道情況及風浪、流量、流速等複雜因素決定，並不能人工干預。明代成化十七年（1481 年），也就是宋禮開分水口整整 70 年後，人們根據多年來的水文觀測經驗，又修建了南旺南北閘。南旺的南閘叫柳林閘，又稱南旺上閘，北閘叫十里閘，又稱南旺下閘。這兩個閘口的設計是建立在多年觀測的基礎上，兩閘聯合運行，實現了對南北分水量的控制，相傳是南流三成、北流七成，民間流傳的俗語「七分朝天子，三分下江南」也是由此而來。後來清代道光（1821–1850 年）、光緒（1875–1908 年）年間又根據濟運需要，續建了灰土壩和寶公堤，三壩與小汶河、南旺的分水工程，組成了完整的引汶水濟運樞紐工程。

這樣，隨著南旺樞紐工程的建成，大汶河水被戴村壩攔截，沿著小汶河向南蜿蜒而下，在南旺分水口匯入運河，直沖分水駁岸，沿「水脊」地形南北分流。人們則可以通過開閉南北的柳林閘和十里閘，控制南北水量，實現運河暢通。這其中蘊含的科技水平之高超、實踐運用之巧妙，不能不令人稱奇、稱讚。

　　在今天看來，南旺分水樞紐工程仍然是大運河上最具技術價值的節點。它通過一系列疏河濟運、挖泉集流、洩漲保運以及增閘節流等結構縝密的配套工程，科學地解決了引水、分流、蓄水等複雜的技術問題，有效保證了大運河連續 500 餘年暢通無阻；其規劃思想、水工技術和建造水平充分展現了中國古代水利工程的獨特創造和精湛技藝，堪稱世界水利史上的傑作。這裏的河道、閘壩等水利工程遺產和分水龍王廟古建築群共同構成了南旺分水樞紐遺產。其中，戴村壩現存情況較好，具有較高的完整性，其設計之巧妙、造型之美觀，堪與都江堰媲美，因此素有「江南都江堰，江北戴村壩」之説。在漕運斷絕後戴村壩繼續發揮固定河槽、攔沙緩洪及引水灌溉等重要作用，是研究中國水利建築珍貴的實物資料。戴村壩還成為山東省東平縣的一處勝景——「戴壩虎嘯」。每到汛期，洪水漫壩，白浪翻滾，聲若虎嘯，數里之外可聞，因而得名。

　　在中國大運河申遺進入實質性操作階段之後，我就一直很關注南旺水利樞紐的許多文化遺產保護問題。2010 年 7 月濟寧方面召集了一個專門的會議，我也做了發言。南旺分水樞紐工程遺址保護對於大運河有著非常重要的意義。保護好這個遺址，不僅有利於提高文化遺產保護工作水平，而且對於地方經濟、社會的可持續協調發展，造福地方百姓、改善人民生活都將產生積極的

促進作用。地方政府應該給予充分地重視，我在發言裏提出，山東省、濟寧市及汶上縣各級政府應將此項工作納入政府工作計劃，納入國民經濟和社會發展計劃，納入城鄉發展規劃，納入財政預算，在政策、制度、經費和人員上給予充足的保證。要進一步完善濟寧市及汶上縣成立的大運河保護和申遺工作領導小組機制，組織文物、水利、交通、規劃、建設、財政等各有關單位參與領導小組，加強領導，明確工作職責；在此基礎上，進一步落實專門的辦事機構，建立高效運轉的工作機制，保證各項措施的落實到位。

南旺的環境整治任務十分繁重，我們在當地看到南旺戴村壩分水樞紐工程範圍內的環境情況不盡如人意，一些河道污水橫流、垃圾堆砌，被農田、植被甚至民居佔壓，古運河的歷史風貌難以顯現。我們看了也很著急，希望到 2010 年國際專家考察時，濟寧大運河的環境能夠滿足申報世界遺產的要求。我們也建議將運河遺產的保護與當地民眾生活的改善結合起來，在恢復古運河歷史風貌的同時，改善民眾生活環境，提高民眾生活水平，使運河保護真正惠及民眾。如果利用南旺樞紐工程建設考古遺址公園，它應該不是一座「無人公園」，而是當地民眾與水利工程、與大運河和諧相處的美麗公園。

此外，我還建議地方政府加強保護規劃的編制和實施工作。事實上，大運河遺產濟寧市級保護規劃已於 2009 年底由濟寧市政府頒佈實施，山東省省段保護規劃當時也正在編制中，當年，國家文物局安排資金用於南旺分水樞紐遺址保護規劃的編制工作。這一規劃非常重要，要在前期規劃工作的基礎上，深入分析和評估南旺遺址的價值和現狀，統籌考慮南旺分水樞紐遺址的本

體保護、環境整治、遺址展示和合理利用等問題，提出具有前瞻性和規劃性的解決方案。地方政府也廣泛地徵求了各方面專家意見，進一步開展深入細緻的研究工作，切實落實南旺樞紐工程大遺址的保護工作，做好南旺分水樞紐考古遺址公園建設。

此後，南旺分水樞紐被確立為國家遺址公園，地方政府也開始一步步地推進保護開發工作，南旺分水龍王廟等遺址點的知名度也越來越高。這是我們非常樂於見到的。

潘季馴、靳輔：清口樞紐

大運河是人工河流，它與自然水系的關係處處體現著千百年來中國人的智慧。自然形成的河流有各自不同的水文特徵，而大運河則體現出兼收並蓄、為我所用的品性。這種品性在淮安的清口樞紐工程中體現得淋漓盡致。

清口樞紐工程是京杭大運河的中樞，運河沿線的戰略要衝以及漕運的咽喉，它不僅有 17 世紀前世界規模最大的砌石壩，而且其完善的工程體系集中了中國傳統水利中主要的水（河）工建築結構形式，代表了農業文明時期水利工程設計和壩工建設的最高水平，是工程規模最大、運用時間最長的水利樞紐工程。

清口最初是指泗水匯入淮河的入口，泗水水質清澈而淮河相對渾濁，清水入濁水之口，謂之「清口」。後來黃河改道，奪泗水河道而抵達淮河，兩股水匯合，仍然是一清一濁，不過此時是淮清而黃濁，「清口」的含義發生變化。明代萬曆（1573–1620年）以後，「清口」更是明確專指洪澤湖（淮河）入黃河口門，有時也指運河口或泛指黃、淮、運交叉河口區域。從「清口」含義的多變可見此處複雜的水文條件，而這個水利樞紐工程就是

在如此複雜多變的客觀條件中，因勢利導，成為大運河上的工程典範。

南宋建炎二年（1128年）黃河奪泗入淮，黃河、淮河、運河交匯於淮安清口一帶，黃河淮安至徐州段成為運河的一段，黃河含沙量較高，治理本已複雜，加之經常自上游決口北徙，該段運道又經常面臨水源匱乏的問題，巨量泥沙的不斷沉積阻礙運道，也極為干擾運河的暢通。自16世紀開始，明清朝廷耗費了大量人力、物力和財力，興建起與黃河泥沙抗衡的清口樞紐工程，形成世界上迄今為止最複雜的工程體系之一。

從北方流來的黃河不僅泥沙多，而且季節性水量變化大，因此經常會倒灌、淤墊淮河和運河。雖然淮河水清而豐富，可以「敵黃刷沙」，但是淮河水一旦過盛，又會威脅到運河大堤的安全。在這種微妙多變的條件下，運河需要在保證自身安全的前提下，調節黃河和淮河的平衡。「治河、導淮、濟運、保漕」一樣也不可少，而「束水攻沙」、「蓄清刷黃」和「避黃引淮」則成為明清兩代歷任河臣總結出來的治理此處水患的辦法，也成為他們的工作重心。水利工程是經過一代一代的人去建設的，清口的樞紐在明代萬曆年間（1573–1620年）稍具雛形，至清代康熙（1662–1722年）、乾隆（1736–1796年）年間逐漸成熟完善。

16世紀後期，在潘季馴（1521–1595年）主持下，河南鄭州段以下至入海口的黃河兩岸堤防建設逐漸完成。潘季馴的「束水攻沙」規劃思想在徐州至淮安交匯的清口間防洪工程建設和洪水調度中得以實現。淮河水含沙量低，稱之為清；黃河水含沙量高，稱之為黃。隨著黃河河床的淤積抬升，淮河匯入黃河並與黃河合流入海越加困難。潘季馴通過加高高家堰堤防，抬高淮河

入黃水位，形成洪澤湖水庫（此為「蓄清」）；逼使淮河清水出清口，使黃河由金、元以來多支漫流入淮的局面變為獨流入海，提高河水對黃河入海水道的沖刷能力，是為「刷黃」。清口樞紐工程在處置運河與黃河關係時，為盡量實現「用黃之力、避黃之害」所採取的方略與措施體現了先進的水平。

康熙十六年（1677年），河道總督靳輔（1633-1692年）再次提到了「束水攻沙」的方法，他向康熙帝連上八道奏摺，綜合闡述自己的治河規劃。這八道奏摺被稱為「治河八疏」，他在其中詳述了自己的治河依據，其中心道理仍然是泥沙的淤積與水流速度有關。像他的前輩一樣，他認為只要提高水的流速，一切問題便迎刃而解。此後靳輔在治河工程中修建了束水壩（有縷堤、遙堤、月堤、隔堤等）用來約束黃河水流，提高水流速度。靳輔又沿用潘季馴的「蓄清刷黃」策略，藉抵住洪澤湖湖水的高家堰大堤加強水力，「刷黃」入海。然而，「蓄清刷黃」的前提是要不斷加築高家堰大堤，而且在淮河與黃河水一強一弱的水情下可奏效。若遇上兩河一起發水以及泥沙沉積、水利設施老化，洪澤湖周邊難免會有水災。

康熙三十八年（1699年），康熙皇帝在高家堰一帶親自測量洪澤湖水位後，指示洪澤湖水位低於黃河水位，勢必會造成黃水倒灌。為此康熙帝提出築壩與深挖河身並行的總設想，他的這種思路被乾隆皇帝評為「俾避清口倒灌之患，實釜底抽薪之良策」。築壩與深挖河身兩者中的關鍵還是要清理淮河淤積，從而降低淮河河床高度，保證運河順利匯入淮河。

事實上，在潘季馴行之有效的治河思想指導下，治河官員用力最多的正是不斷加築高家堰大堤，只有大堤不斷加固增高，才

能保證「湖東」（今江蘇境內）免受洪水襲擊。乾隆七年（1742年）六月，洪災、暴雨導致水勢暴漲，湖東、湖西（今安徽境內）均成一片汪洋。高築的大堤成為上下游民眾爭議的焦點。但為了維護運道，洪澤湖畔的堤壩只能加築而不能降低，更不能開閘。在這樣的背景下，高家堰大堤也就越築越高、越築越長，從碼頭鎮、武家墩一直延伸到洪澤湖蔣壩。

這條全長超過 60 千米的大堤也叫洪澤湖大堤，由條石砌築而成。條石間縫隙嚴密，鑿有凹槽，並用鐵錫連接在一起。鐵錫有銘文，例如道光四年（1824 年）林則徐負責修築的大堤鑲嵌的鐵錫就鑄有「林工」兩字。用大鐵錫將石頭錫在一起，使得整個堤壩真正的堅如磐石，因為有工程追溯制度，如發生潰堤，根據鐵錫則可見出是誰任期內的責任。清政府為清口水利樞紐修築而建的閘、壩、堤、堰、轉水墩等，在種類和數量上可謂空前，在大運河沿線上也是最具有科技價值的水利節點之一。高家堰大堤（洪澤湖大堤）因其築堤成庫規劃和直立條式防浪牆壩工程技術代了當時世界的最高水平，而被譽為「水上長城」。

清口水利樞紐工程歷時久遠、規模宏大、結構複雜，歷史上包羅了黃河、淮河、運河與洪澤湖三河一湖四大水體的調控。古代的水利工程、材料應用等方面的水平在這裏得到了充分展示，這裏也是中國古代水利工程最密集的區域，被譽為「中國古代水工博物館」。

大運河是人類千百年來克服自然不利因素，以人力引導水力，為生活服務的典範。在大運河上的偉大工程不勝枚舉，因為濟寧以南的運河今天仍在運行，所以運河與智者的故事仍然在不斷上演。

淮河入海水道在淮安樞紐增加的主要工程有入海水道穿京杭大運河立交地涵，這個地涵東西長與南北寬均超過 100 米，採用鋼筋混凝土上槽下洞立體結構。下面的涵洞可以用來洩洪，上面的水槽可用來航運，既維持了京杭大運河的航運，又同時滿足了入海水道的洩洪，堪稱「亞洲第一水上立交」。這是利用現代科技對水文條件如此複雜的地區進行的一次重要改造，它的投入使用對淮河流域下游防洪減災有著巨大的作用。這項工程於 2000 年開工，2003 年竣工。當我們在這裏看到兩條河流在不同的平面上交錯運行時，會感受到河流的奔騰不息，也會感嘆人類與河流並肩行走時那永不停息的腳步。

至今千里賴通波

　　大運河是人類農業文明時代人工運河工程的傑出典範。中國大運河是地質、水文、水利、土木等與運河相關技術整體的集中體現，可以説展現了人類在農業文明階段修建和維護人工運河所能達到的最高技術水平。

　　河道工程、樞紐工程和關鍵工程區段都是大運河工程技術的重要節點，具有極高的技術價值，代表了當時世界上最先進的工程設計水平。例如北京人工河湖水系水源工程、通惠河與會通河的梯級船閘工程、汶上南旺運河越嶺的分水樞紐工程、淮安清口運河渡黃的運口樞紐工程、淮安高家堰「蓄清刷黃」的大壩關鍵工程、蘇北宿遷淮安段「束水攻沙」、「治黃保運」的堤防系統工程、沿太湖的塘路工程等，均是按照不同地點、不同針對性、不同需求，集規劃、設計、施工、更新、改造、材料、工藝、方法等諸多技術要素而成。

　　大運河是眾多在世界歷史上具有重大意義的突出事件的直接發生地，大運河與郭守敬、潘季馴等中國古代傑出科學家、水利專家的思想和理念密切聯繫，與沿線眾多民間信仰有直接的關

聯，也是大量在中國乃至世界文學史、藝術史具有突出價值的文學、藝術作品創作的對象和沿線船工號子、民歌等民間藝術形式的土壤。

中國大運河是適應社會和自然變化而不斷進行更新改造的動態性工程，是一條不斷新生、不斷發展演進的運河。2000多年以來，人們幾乎從來沒有停止過「修河」，也從來沒有停止過使用。水系在變，河道在變，水情在變，水工設施在變，治水理念在變，治水方略在變，管理機構在變，運行機制也在變。運河的動態性是自然水系變遷的結果，是災害預防和應激反應的結果，是技術、材料更新的結果，是人與自然共同作用、持續演進的結果。

大運河的長度隨著新修河段地的出現在變長，大運河的寬度隨著造船材料和技術的進步在加寬，大運河的閘壩河工也都在不斷變換著「身段」；大運河的故事隨著社會生活的改變、河道變遷和文化傳播方式的改變而豐富，大運河邊村鎮和城市的建造、繁榮、衰落、更新無不與大運河的命運息息相關；大運河的作用隨著社會的發展在不斷增加，從最初的運輸物資、運送南來北往的各式旅人到輸水、灌溉、防洪，大運河一直都是中國大地上最重要而有生命的文化遺產，供人們永續利用。

智者小傳

◎ 沈括

中國北宋官員、科學家、文學家。字存中，錢塘（今浙江杭州）人。沈括資質聰穎，勤於思考，注重實學，是位以博學著稱的科學家。他一生著述甚豐，但大多散佚。集其畢生研究精華的是著名的《夢溪筆談》。

沈括主要成就如下：①天文曆法。改進立法，編製並主張使用與農業關係密切的《十二氣曆》，即「十二氣為一年」，以立春為一年之始，類似今天的太陽曆；改進和重新設計渾儀、浮漏和景（影）表等天文儀器，使觀測天體位置、時間與日影的精度得到提高；設計「窺管」，用其觀察極星，正確提出北極不在天極，而是離天極「三度有餘」；發現了月亮本身不發光，並通過實驗方法演示月亮的盈虧現象；發現太陽視運動有快有慢，並指出冬至日、夏至日等時差現象。②數學。創立了求解垛積（一個高階等差級數問題）的正確公式；推導得出一個計算弓形面積的近似公式，為後人研究奠定基礎。③物理學。磁學上，發現磁偏角現象，較西歐哥倫布發現這一現象早 400 餘年。光學上，通

過實驗指出物在凹面鏡的焦點之內得正像，在焦點上不成像，焦點之外則得倒像。聲學上，通過共振實驗證明弦線的基音和泛音的共振關係，這個實驗比歐洲人早幾個世紀。④地學。最先創用「石油」這個名稱，並說「此物後必大行於世」；根據親身觀察，認為潮汐是隨月亮的運行而變化的；在地質、製圖、天氣預報等方面均有研究。此外，沈括在農學、生物學、醫藥、工程技術、文學等領域均有造詣。

◎ 郭守敬

中國元代天文學家、數學家、水利專家和儀器製造家。字若思。順德邢台（今屬河北）人。郭守敬採取理論與實踐相結合的科學態度，在天文、數學、水利等領域取得許多重要成就。包括天文儀器創製、天體測量、回歸年長度推算、《授時曆》的編製等。晚年致力於河工水利，兼任都水監。至元二十八年至三十年（1291–1293 年），他提出並完成了自大都到通州的運河，即通惠河工程。至元三十一年（1294 年），郭守敬升任昭文館大學士兼知太史院事。此後，他在計時儀的製造方面又連創佳績，製成大明殿燈漏、櫃香漏、屏風香漏、行漏等。

◎ 宋禮

中國明代重開會通河（京杭運河山東濟寧至臨清段）的主管官員。字大本，河南永寧人。永樂二年（1404 年）任工部尚書，永樂九年（1411 年）奉命重浚會通河。洪武二十四年（1391 年）黃河北流淤斷會通河。為將漕運改為運河，以代替海運和陸運，宋禮發動軍民 30 萬人動工，共用 100 天，於當年六月完工，使

運河成為南北交通要道。他採用汶上老人白英的建議，建戴村壩引汶水至運河最高處的南旺，向南北分水入運河，成功解決了運河水源問題，保證了京杭運河航運的暢通，後世人們在南旺設祠堂紀念他。

◎　潘季馴

中國明代治河專家。字時良，號印川，浙江烏程（今湖州）人。在嘉靖至萬曆年間（1522–1620 年），曾 4 次任總理河道，主持治理黃河、運河，在理論和實踐上都有重要貢獻。

潘季馴總結前人經驗，逐步形成「以河治河，以水攻沙」的治理方略，改變了歷代在治黃中只重治水、不重治沙的片面傾向。他的主要貢獻是：①注意黃河水文特徵，利用水沙規律刷深河槽，把治沙提到治黃方略的高度，實現了治理思想的重要轉變。②提出並實踐了解決黃河泥沙問題的 3 條措施，即束水攻沙、蓄清刷黃、淤灘固堤。③系統總結、完善了堤防修守的一整套制度和措施。潘氏的代表著作《河防一覽圖》成書於萬曆十八年（1590 年），共 14 卷。此書被《四庫全書》收錄。

收藏於國家博物館的《河防一覽圖》由潘季馴組織同僚繪於萬曆十八年。全卷縱 45 厘米、橫 2008 厘米。此圖詳細反映了萬曆十六年至十八年（1588–1590 年）三省直（即河南、山東、南直隸）所修築堤防的情況。此圖對歷年河患、地勢、險情及河防須注意的問題均有詳細的說明。

運河文化物事

下篇

五

飛閣流丹

前面介紹過，運河方便了木材、石料、磚瓦等的運輸，這就使得大規模的建設變得更加普遍。與此同時，運河還帶來了文化的交流與人才的流動，運河沿岸的建築也因此具備了獨有的特徵。許多歷史上留存下來的署衙、會館、園林等建築都記錄下了一段特別的運河光陰。在這一章，我們來看看運河沿岸的特色建築以及這些建築裏曾經發生過的故事。

蘇州：山塘街

蘇州是運河上的大都市。它在明清年間的繁盛，是與大運河相互成就的結果。今天我們仍然可以看到一幅傳世名畫《盛世滋生圖》，又名《姑蘇繁華圖》，是清代宮廷畫家徐揚用 24 年創作的描繪蘇州風物的巨製。《盛世滋生圖》的畫面自蘇州西南的靈岩山起，由山下的木瀆鎮東行，過橫山，渡石湖，入姑蘇郡城。再自葑、盤、胥三門出閶門外，轉入山塘街，至虎丘山止。它全長 1225 厘米，寬 35.8 厘米，比《清明上河圖》還長一倍多。

在畫中，畫筆所至，連綿數十里內的水鄉田園、村鎮城池和湖光山色都得到了充分表現，全景式的展示令當時蘇州城的社會風情躍然紙上。有人做過統計，這幅《盛世滋生圖》中有各式人物 1.2 萬餘人，建築 2140 餘棟，橋樑 50 餘座，船隻 400 餘隻，商號招牌 200 餘塊，完整而形象地展示了 18 世紀中葉蘇州風景秀麗、物產富饒、百業興旺、人文薈萃的繁盛景象，具有很高的藝術鑑賞價值。

通常，人們在解讀這幅長卷時會說它由鄉入城，重點描繪了「一村、一鎮、一街」的景物。這其中，一村指的山前村，一鎮

指的是蘇州城，一街便是山塘街。

在《紅樓夢》第一回中，有這樣一段話：「當日地陷東南，這東南一隅有處曰姑蘇，有城曰閶門者，最是紅塵中一二等富貴風流之地。這閶門外有個十里街，街內有個仁清巷……」書中所說的十里街正是指山塘街。

《盛世滋生圖》和《紅樓夢》裏出現的山塘街，是一條歷史悠久的古街。唐代詩人白居易在蘇州任刺史期間，即唐寶曆元年（825 年）初到寶曆二年（826 年）仲秋，在吳中主持開鑿了山塘河以解決蘇州古城西北面的水陸交通及水旱災害問題，並在這裏修築了一條長堤，後世稱為「白公堤」。蘇州與杭州都有「白公堤」，俱為白居易在當地為政時所築。與杭州的白堤不同的是，蘇州的這道白公堤很早就成了一條商業街——山塘街，即山塘河北沿河修建的道路。

山塘街涵蓋了山塘街和山塘河，格局為「水陸並行，河街相鄰」。從陸路上看，山塘街上會館、公所、名人故居、寺廟、祠堂、牌坊鱗次櫛比，店舖林立，百業興旺，市井熙攘。從水路上看，山塘河蜿蜒前行，水面幽深寧靜，民居臨水，參差錯落，富有情致。

山塘街位於蘇州古城閶門外西北，東起閶胥路北首，西到虎丘西南麓，呈東西偏北走向。因其全長約 3600 米（約合 7 華里），有「七里山塘到虎丘」的説法。明代名臣、直隸長州（今江蘇蘇州）人吳寬有《贈釋子芳草堂》詩云：「出吳閶門走山塘，山塘北去七里長。平郊崛起虎丘寺，雲樹一簇攢青蒼。」

蘇州城的繁華是由運河貿易帶來的，當時商賈雲集於此，在山塘街的星橋兩側修建了一大批商人會館。會館是中國古代特有

的一種建築，也代表著一種特別的文化。在中國歷史上，會館在政治、經濟、文化等各個方面發揮著獨特的作用。清代末期，北京以地域為紐帶的各地會館有 400 餘所，形成了大片的會館區。

在山塘街建造會館，始於明代中期而盛於嘉靖（1522–1567年）、萬曆（1573–1620 年）年間，但現今存留的會館以建於清代中期的為最多。據記載，山塘街會館鼎盛時期曾達 40 多座，至今還有一條支巷就叫「會館弄」。

山塘街現存會館遺存中，山塘街 552 號的山東會館較有代表性。山東會館是由清代順治年間（1644–1661 年）膠東半島一帶的客商所建，因此又名齊東會館。會館在咸豐十年（1860 年）的戰亂中被毀，現僅存會館大門兩側門牆、廳房、碑刻等。從現存建築可見其規制精工，門牆高大精緻，飛簷翹角，通體水磨細磚貼面，瓦簷下飾有造型繁複的成排磚雕斗拱，間以花卉紋墊拱板，雕鏤精美。

山塘街 508 號的陝西會館也曾是較大規模的會館建築，又稱全秦會館、陝甘會館、雍秦會館和雍涼公墅。建於乾隆二十年至二十六年（1755–1761 年）。原有樓閣園林及磚雕、照壁、石獅、踏步、碼頭等，現僅存偏殿 3 間，另有明代青石覆盆式大殿柱礎 4 隻。會館牌樓門上也是磚雕精美，簷下飾斗拱，深沉厚重中時見秀雅。陝西會館所在的這段山塘街，水面較窄，兩岸民居臨水櫛比，具有典型的枕河而居的水鄉特色。

除了眾多會館，山塘街上還有許多名人故居。至通貴橋過山塘河向西，有明代嘉靖年間內閣大學士吳一鵬的故居，其主廳玉涵堂，取「君子比德於玉」（《禮記·聘義》）之義，俗稱「閣老廳」，始建於明嘉靖十年（1531 年），是蘇州城外至今保存的

唯一明代建築。整座故居高大寬敞，廳、堂、樓、閣、齋、軒齊全，修葺後呈四路五進。除主廳玉涵堂為明代遺構，其餘都是清代及民國時期建築。

刊刻於清道光二十二年（1842 年）的《桐橋倚棹錄》是一本專門記載山塘風物的地方小志，前八卷記述山塘一帶的山水、名勝、寺院、祠宇、塚墓、塔院、牌坊、義局、會館、堤塘、場弄、第宅、園墅等，仿方志體例，多摘抄薈萃，頗為詳備。後四卷則記述市廛、舟楫、物產等，可見當地風物之繁盛。據 2009年版《金閶年鑑》統計，山塘街有國家級、省級、市級文保單位11 處，市級控保建築 16 處，古牌坊 9 處，其他古跡 40 餘處，優秀歷史建築眾多。

此外，山塘街的橋也可與杭州蘇堤相提並論。與蘇堤的 6 座石拱橋不同，這裏既有拱橋形，也有平直古雅的樑橋，單孔橋、雙孔橋、三孔橋，造型多變。至今橫臥在古老山塘河上的橋尚有山塘橋、通貴橋、星橋、彩雲橋、普濟橋、望山橋、西山廟橋；建在縱向古樸山塘河上的橋有白姆橋、毛家橋、桐橋、白公橋、青山橋、綠水橋、斟酌橋、萬點橋，正好是「橫七豎八」。而 1927 年建造的新民橋既橫跨山塘街，又橫跨山塘河，堪稱是蘇州早期的水陸兩棲立交橋。

因明代張溥的《五人墓碑記》曾入選中學語文教材，姑蘇五義士的故事流傳甚廣，所以五人墓碑的知名度也極高。五人墓就位於山塘街青山橋東，墓內安息的是在明代抗暴鬥爭中為保護群眾而挺身投案的顏佩韋、楊念如、周文元、沈揚、馬傑五義士。

歷史長河中，山塘街也多次遭受兵燹，又於廢墟中復興。南宋建炎四年（1130 年）春，金兵攻陷蘇州，兵火所及，山塘街

一片凋零；元末張士誠割據蘇州，覆亡前夕在虎丘一帶修築土城，與明軍徐達和常遇春部決戰，山塘街又元氣大傷，明中期後才開始復甦。清咸豐十年（1860 年），太平軍進攻蘇州，潰敗的清軍馬德昭部放火焚燒了閶門外的集市和民居，「山塘、南浩一帶盡成焦土」（吳大澂《吳清卿太史日記》）。此後，隨著運河漕運式微，山塘街從民國初年開始逐漸喪失了商貿中心的地位。

21 世紀以來，山塘街進行了多次保護性修復，如今的山塘街又依稀出現了往日的氣象。

聊城：山陜會館

京杭大運河鑿通之後，山東境內也興起了幾座運河城市，較具代表性的有濟寧、德州、臨清、聊城等。這其中，德州是抵達北京的水陸要衝，被譽「九達天衢」；臨清地處衛河與汶河交匯處，運河上設立的七大鈔關中，臨清居於首位；濟寧是「運河之都」，這是因為元明清三代均把治理運河的最高行政機構設在濟寧；聊城也是一座因運河而興的城市，在這座城市中處處可見運河的遺跡。其中最著名的要屬山陜會館，它是山東省內唯一一座保存完好的商業會館。

顧名思義，聊城山陜會館是清代山西、陝西商人集資合建的，是聊城商業繁榮的縮影和見證。會館位於聊城市城區的南部、運河西岸，俗稱關帝廟，是供奉武聖關羽的神廟與商業會館相互結合的古代建築群。會館始建於清乾隆八年（1743年），至嘉慶十四年（1809年）達到了今天的規模。事實上，在運河航運繁盛的年代，聊城光是有名的會館就有8處，簡稱「八大會館」。有文字可考和碑碣記載的會館共有6處，即太汾公所、山陜會館、蘇州會館、江西會館、贛江會館和武林會館。除山陜會

館仍保存完整外，其餘均已無存。在中國現存的會館中，聊城山陝會館的建築雕刻和繪畫藝術為中國所罕見。

山陝會館面河而立，坐東朝西，與傳統中國園林、院落坐南朝北完全不一樣。沿河而建的會館從一開始就顯示出與尋常院落的不同之處，迎合了「水聚財，紫氣東來」之意。會館南北寬34米，東西進深77米，有3進院落，主要由山門、戲樓、南北夾樓、鐘鼓樓、南北看樓、南北碑亭、大殿、南北配殿、春秋閣等建築組成。整組建築呈東低西高之勢，最西部春秋閣最高。南北兩側各建兩座看樓，各呈環形護衛正殿，殿前的戲樓裝飾華麗，與正殿遙相呼應。山門前的大運河由南至北湍湍而過，加之北側胭脂湖支流環繞匯聚於會館門前，使會館三面環水。會館整體佈局呈「凸」形，山門把整組建築統一於中軸線上，同時整組建築巧妙借用地形和水流，形成了完整的空間格局。

山陝會館從開始到建成共歷時66年，耗銀6萬兩，其不惜工本、精益求精可見一斑。山陝會館的各類雕刻非常有名，例如會館大殿前面的兩座獅子是專門從山西汾陽請來匠人精心雕琢而成，耗資達600多兩白銀。會館中以木雕最為豐富，樑柱、天棚、額枋、門窗、簷角等部位隨處可見繁複生動的木雕畫面。這些木雕作品展現的主題多為傳統文化中常見的具有喜慶祥瑞寓意的人、事、物，如龍鳳呈祥、松鶴延年等。也有一些表現神話、寓言、戲曲等方面的內容場景，如八仙過海、行孝圖等。木雕的種類繁多，雕刻技法多樣、線條流暢，構圖飽滿充實、均衡平穩，呈現出層層疊疊的姿態。

山陝會館是山西、陝西商人聚會議事、聯絡鄉誼的場所，山西人信奉關羽，不僅是因為關羽為山西人氏，更因為關公所代

表的忠義仁勇是那個時代的商人所推崇的。在山陝會館的山門兩側，有這樣一副楹聯：

本是豪傑作為，只此心無愧聖賢，洵足配東國夫子；
何必仙佛功德，惟其氣充塞天地，早已成西方聖人。

這個對聯的上聯是說關羽的豪傑作為，已經可與東國夫子（孔子）相比；下聯則說關羽的浩然正氣也可與佛陀（西方聖人）相比了。從中可以看出「忠義」二字在商幫中的影響力。一直到今天，許多民間的商業場所仍然喜歡供奉關羽。關羽形象在海外華人中也備受崇奉，這與當年的會館文化應該也有一定的關係。

但山陝會館中的楹聯也有充分表達商人心臆的，比如大殿外柱上的一幅：

非必殺身成仁，問我輩誰全節義；
漫說通經致用，笑書生空讀春秋。

在中國傳統文化中，「水」主「財」，對大運河上做生意的商人來說，這可不僅僅是一句話，而是實實在在的現實。山陝會館的主人們顯然更懂得這個道理，建在運河岸邊的會館，當然要讚美河神、財神：

位津要而掌財源，萬里腰纏畢至；
感財神似成砥柱，千秋寶載無虞。

又如：

德兆阜財，萃萬國物華天寶；
行以利涉，慶一時海晏河清。

山陝會館作為北方運河會館的典型建築，其文化含量十分豐富，這與聊城在運河上的地位難以分割。運河貫穿聊城城區，在明清時代，聊城因運河而興，達到歷史上的空前繁榮。也正是因為運河，聊城這座城市才有了「水韻」，才具有了自己的城市特色。運河留給聊城的是一種厚重的商業文化，並且因此衍生了很多民間文化遺產。

聊城的城池成於宋熙寧三年（1070年）至明洪武五年（1372年），一直到明代初期，聊城也僅是一座政治軍事重鎮。明永樂年間（1403–1424年），海運遭禁，運河得以重新疏浚，隨著運河的暢通，聊城的經濟功能開始得到發展。聊城的東關緊靠運河，是隨漕運興盛發展起來的商貿區。一直到今天，來到東關一帶的街巷還是會感覺這裏與傳統的內陸城市非常不同，這裏的街道走勢與聊城老城區截然不同，不是正南正北的平直街道，而是隨河就坡，大小街衢都和碼頭、堤岸相通。街道的名稱也頗具運河元素：順河街、越河街、館驛街、米市街等。

聊城是明清時期運河山東段經過的唯一一座府級政治中心城市，並藉運河交通之利迅速繁盛起來。在臨清、聊城的輻射下，東昌府所轄州縣的經濟也得到較快發展，並形成了規模可觀的村鎮聚落，「由東關溯河而上，李海務、周家店居人陳橡其中，逐時營殖」（明萬曆《東昌府志》）。到了清乾隆（1736–1796年）、

道光（1821-1850 年）時期，聊城的商業達到鼎盛，聊城不僅成為運河沿岸的九大商埠之一，還享有「江北第一都會」的美譽，並成為全國各地商品周轉集散之地。南北商賈雲集於此，各地商人為了聯絡感情、共謀發展，建立了 10 多個地方會館。

在中國北方，晉商一直是佔有優勢的商幫，當時沿運河到聊城做生意的山西人也最有實力，他們與陝西人合資建成聊城山陝會館，也帶來了家鄉的文化。據研究，著名的聊城東昌府木版年畫也與運河移民有關，聊城刻書業發達，其工匠也是從山西一帶移居而來。當時晉商創辦的書業德是清代聊城規模最大的書莊，而東昌府木版年畫正是從刻書業中衍生出來。聊城曾經有幾十家木版印書作坊，並且鼎盛一時。木版年畫也應時而生，成為地域特色。民間曲藝「山東快書」也是在運河邊的地攤上應運而生。這一切文化形式都是運河文化遺產，而這些文化遺產讓聊城具有了獨特的文化魅力。

可以說，聊城是一座因運河而興衰的水城。因為運河，聊城成為一座歷史文化名城。運河的開通不僅為聊城帶來經濟繁榮，而且遺下很多文化遺產。可喜的是，聊城建設了一座運河主題博物館，這說明聊城非常重視對文化遺產的保護和挖掘。這也啟發我們，運河文化遺產保護要從重視單一文化要素保護向同時重視由文化要素和自然要素相互作用而形成的「混合遺產」、「文化景觀」保護的方向發展；從重視「靜態遺產」的保護，向同時重視「動態遺產」和「活態遺產」保護的方向發展；從重視文化遺產「點」、「面」保護，向同時重視「大型文化遺產」和「線性文化遺產」保護的方向發展。

濟寧：運河總督署衙、薘園

　　山東濟寧至今仍然是京杭大運河的分界點。濟寧以南，運河仍在發揮著航運的作用；濟寧以北，運河則已經斷流，有些昔日的運河城市已經面目全非，繁忙的航線僅僅存在於史料和民間記憶之中。

　　前面講過，濟寧是運河之「脊」，從河道上講，這裏是京杭大運河海拔最高的地方，從元明清三代的水政管理方面看，濟寧的行政地位也是最高。在 600 年的時間裏，這裏都是運河總督署衙所在地。

　　元明清三代的全國水政皆把運河作為管理重點。元初實現了大運河南北全線貫通，即設立都水監，都水監在地方上設派出機構，即分都水監、行都水監、河道提舉司和河防提舉司。明代起初沿襲元制，後常派都御史、工部尚書、侍郎等專門作為疏浚、開鑿、治理河道等的欽差大臣，但並非常設官員，稱謂也不盡相同。明成化年間（1465–1487 年）隨著漕、河分治，河道大臣始稱總督河道，駐地就在濟寧，明末時改為「夏秋駐徐，冬春駐濟」。總督河道作為朝廷欽命官員，一般是正二品，但因為沒有

固定的任期，臨時從現有的官員中抽調，所以也有正一品大員擔任此職。此後，在行政管理上，既設有專管漕運的「總漕」，也設「總河」負責黃河、運河的疏浚治理。因為運河越來越重要、疏浚的任務越來越繁重，這支運河上的工作隊伍越來越龐大，到弘治九年（1496 年），運河上的專業役夫共有 4 萬餘人，形成了一支龐大的運河管理、修治隊伍。清代基本沿襲了明代運河管理機構，並逐漸調整簡化，設「河道總督」作為專職官員。順治初期僅設河道總督一人，也稱「總河」，駐濟寧州。此後，雖機構經常調整，但濟寧一直處於運河管理的重要位置。

在南北大運河各河段中，山東運河開鑿較晚，由於地勢原因，在行運過程中經常出現各種事故，故京杭大運河開通後，歷代治理運河的最高行政機構常設在濟寧，所以說濟寧不僅是運河地勢之「水脊」，也是運河管理的「水脊」。這種設置無疑對於運河的管理、修治非常有利。在封建時代，行政管理機構十分複雜，許多應運而生的衙門對濟寧本地的方方面面都產生了諸多影響。根據當地的有關文獻記載，濟寧素有「七十二衙門」之說。在清代，河道總督衙門在濟寧設置的從屬機構最初有運河道，掌管運河的疏浚堤防，屬官有同知、通判、州同、主簿、巡檢等。同知、通判官署為廳，如運河廳。州同以下設訊。山東二道有八廳二十二訊，河南二道所屬有八廳二十訊。後又增設管河道。管河道同知以下各官，各掌運河之歲修、搶修及挑浚淤淺等工程，並負責分汛防守。河道總督還有親自統管的軍隊——河標，專門負責河工調遣、督護及守訊防險等事務。河標統轄中、左、右三營，駐濟寧，此外還陸續設濟寧城守營與駐守運河、黃河、淮河、豫河各營。所屬各級武官有副將、參將、游擊、都司、守

備、千總、把總等官。其餘的運河機構還包括中央政府派駐的撫按察院、巡漕使院、按察司行台、布政司行台、治水行台等機構。再加上省、道、府、州、縣的各級行政機構或由其派駐的機構，元明清三代駐濟寧的各類、各級治運、司運以及行政監察機構數量十分龐大。

濟寧的許多街道直接以衙署名稱命名，並沿用至今，如察院街、院前街、院門口街、院後街、廳西街、州後街、道門口街、縣前街、考院街、館驛街、衛監街、小校場街、馬驛橋、鼓手營街、御米倉街、臨清衛胡同等。一些主要的治運機構佔據了城市的主要位置，影響著街道的格局。總督河院署衙門位於城市中心，城內南北門大街貫通，而東門大街向南傾斜，止於河院署衙前，同時西門大街向北傾斜，止於河院署衙東牆中段，這樣就使河院署衙位於 4 條主要大街的交匯中心，而不是偏於一側。相比之下，濟寧州治位置偏西，而且基址要小得多，這就更加凸顯了總督河院署的地位之高。另外，河標中軍副將署、左營參將署、運河營守備署、運河兵備道署、管河州判署、泉河通判署等治運機構也都位於主要街道旁。

總督河院署衙原為元代都水太監駐節濟寧處的舊址。「明永樂九年工部尚書宋禮建衙署為總督河道都御史署，明弘治年間（1488–1505 年）尚書陳某、明隆慶御史翁大立重修。原係濟寧左衛署，宣德二年調衛臨清改置軍門。」（道光《濟寧直隸州志·建制三》）清代又多次重修衙門，最後形成頗具規模的建築群。明清兩代的很多治運名臣，如宋禮、陳瑄、張國維、朱之錫、靳輔、張鵬翮、林則徐等，均曾在此任職。

總督河院署的建築已經毀於戰亂之中。從現存文獻資料看，

整組建築群佔地 1.6 萬平方米，規模宏大，佈局嚴謹。大門為四楹三門，左右有石獅子一對，兩側各有吹鼓亭一座；左右為東西二坊，東坊上有「砥柱中原」匾額，西坊上有「轉漕上國」匾額。正對大門的是一座影壁，高約 6 米，寬約 20 餘米，底座為 2 米。大門內為儀門，六楹（三門），之後為正堂六楹，後堂六楹。左右為橡房、茶房。再向後為部院宅。左為「帝咨樓」，後更名為「雅歌樓」、「挽洗樓」。又東為「百樂圃」，後更名為「平治山堂」；西為「射圃」。再後有部院後宅。

2019 年夏，濟寧城區古槐路上的原任城區公安局正式被拆除。這裏將重新建設一個大運河總督署博物館。按照規劃，博物館項目位於古槐路以西，西門大街以北，西鄰雲路街，北靠院後街。早在 2010 年，在原濟寧一中古槐校區（今運河實驗中學）北面的宿舍區，考古人員對歷史上的河道總督衙門進行了局部勘探性發掘。濟寧河道總督署於光緒二十八年（1902 年）裁撤後被廢棄，歷時 600 多年，歷經 188 任河道總督。至日本侵華時大部分被毀壞，碑刻多數遺失，令人痛惜。相信這個規劃中的博物館會部分挽回這方面的損失。

大運河對沿線地區的建築風格有著不同程度的影響，對濟寧來說，除了上述河衙建築外，民間的園林建築也受到運河沿線園林風格的影響。明代中葉之後，運河經過兩次大規模的疏浚已是通暢無阻，濟寧本身又有微山湖等水源，城區內外也有大小不一的河塘十餘處，是一座水網密佈的典型城市。運河的貫通把濟寧零散的水源聯絡起來，使原本走向散亂的周邊水道貫通形成體系，也使得濟寧的許多府邸、私宅獲得了水源，為營建山水環繞的園林創造一定的基礎。

中國園林的巔峰在江南一帶，最有代表性的是蘇州園林，運河的暢通推動了濟寧城市經濟的繁榮，也帶來了許多江南籍的官僚和商客。因為濟寧有良好的水文條件，這些來自江南的官員和商人也就可以駕輕就熟地建造他們喜歡的園林。據有關史料統計，明代在濟寧為官的江南籍官員就有數十人，其中知府、知州有 19 人，同知有 14 人，州判、通判有 13 人，州學、學正有 6 人，主簿有 3 人。他們的宅邸大都沿承江南民居建築或直接受其影響，在建築風格和營造技法上推動濟寧園林的發展。許多濟寧當地的人也開始學習江南建築風格，這便使得當地的園林在北派風格基礎上，加入許多江南園林元素。這種風格的園林在北方城市原本並不多見，但在運河暢通後則有了許多。

濟寧現存最具代表性的園林建築當屬薈園。薈園是清代中葉隱居濟寧的著名文人畫家戴鑑的私宅，初名「椒花村居」，其後人將此宅出售給豪紳李澍，李澍進行了一番改造，易名「薈園」。薈園後來為天主教會所用，1948 年後曾做過濟北縣政府和山東省精神病康復醫院等。薈園的建築現在仍存有一部分，且風貌依舊，為人們研究清代的北方園林提供了依據。

薈園的格局通透輕靈，假山、方池、小橋、流水極富園林之趣味，其中的六角亭小巧精緻，是典型南方樣式的園林小品。涼亭翼然水上，斗拱飛簷，也頗有江南園林的風致。園林中的水池為長方形，具有端莊穩重之氣，西側池岸與假山結合砌築，質樸之中也體現了一定的變化。唐代以來，中國古典園林中常設方形水池，但在明代後期，江南私園中的水景形態大多曲折多變。而在北方園林如北京恭王府花園中，仍可見肅穆規整的方池，由此薈園的方池又顯然為典型的北方風格。這一處園林南北風格雜

糉，也可見大運河給濟寧這座城市帶來不同的審美趣味。

大運河濟寧段貫穿濟寧市全境，流經其轄區內的梁山、汶上、任城區、太白湖新區、魚台、微山等多個縣區，全長 200 多千米。濟寧段是大運河的關鍵性河段，而濟寧城裏大運河留下的建築遺跡也讓這座城市多了幾分厚重。

淮安：總督漕運公署

　　淮安總督漕運公署遺址位於江蘇省淮安市淮安區城區中心，是明清兩代統管全國漕運事務的漕運總督的官署建築群。自東晉義熙七年（411 年）設山陽郡至清代末期的 1400 多年中，淮安一直是郡、州、路、府的治所，是蘇北地區的政治、經濟、文化中心。淮安府輔佐河道總督，對運河管理起輔助作用。淮安府衙大堂為歷史建築，「六科」用房和部分建築為新建。清晏園是清代河道總督衙署園林，比較完整地保存了早期園林的山水結構和風格，保存了清康、乾、嘉三代皇帝獎賜河道總督的 10 餘通很有價值的御筆碑刻，是淮安市文物保護單位。水利通判廳遺址是運河沿線重要的衙署遺址，反映了運河的航運安全管理制度和機構設置情況，是研究運河管理體制的重要遺址。

　　明清兩代設立專門的漕運和河道機構，管理天下漕運事務，以保證大運河暢通。官制主要包括漕運管理系統和河道治理系統，二者職責分明，有規範的管理制度。漕運總督和河道總督是分別負責漕糧運輸和河道治理的最高行政長官，他們與各地方官員一起分工合作，保證了漕運的順利進行。其中，漕運總督駐淮

安，統領漕政，凡收糧起運，過淮抵通，「皆以時稽核催趲，綜其政令」（《歷代職官表·漕運官制·國朝官制》）；各省糧道監督漕糧的徵收和起運；州縣官員負責徵收漕糧；河道總督和各省督撫負責催趲漕船；漕糧抵京城後，又設專門的官員和機構管理和監督漕糧倉儲；具體的漕糧搬運則由數量龐大的運丁來承擔。

2002 年 8 月，淮安市淮安區在城市建設中挖掘發現了明清時期的總督漕運部院遺址，在明清遺跡下 3 米處還發現有宋、元代文化層。總督漕運部院是漕運管理的最高機構，整個建築佔地約 3 萬平方米，與淮安市淮安區標誌性建築鎮淮樓、淮安府衙大堂在同一條中軸線上。

淮安是淮河和大運河的交叉口，既是南北水運樞紐，也是東西交通的橋樑。據《重修山陽縣志》載：「凡湖廣、江西、浙江、江南之糧船，銜尾而至山陽，經漕督盤查，以次出運河，雖山東、河南糧船不經此地，亦遙稟戒約。故漕政通乎七省，而山陽實屬咽喉要地也。」當時，千萬艘糧船銜尾而至淮安，由末口入淮北上。糧船卸載之後，再從河下裝滿鹽，運往南方各地。運糧、運鹽的船隻在淮安匯集，這裏便成為漕運、鹽運集散地，這樣特殊的地理位置在客觀上奠定了淮安在漕運史上的獨特地位。自從隋代大運河貫通後，淮安就成了漕運要道，唐宋時又因淮北鹽業興起而成為鹽運樞紐。因淮安居於大運河中部及黃淮運交匯處，五方雜處，最難治理，因此特設河道總督坐鎮於此。淮安自明代首設漕運總督衙門後，一直到清代都是漕運指揮中心、漕船製造中心、漕糧儲備中心。

明代初期，朝廷設置京畿都漕運司管理漕政，主領官為漕運使，後被漕運總兵官取代。景泰二年（1451 年）始設漕運總督

於淮安，與總兵官共理漕政。明清兩代有名的陳瑄、史可法、琦善、穆彰阿、思銘、楊殿邦等人都先後在這裏任過漕運總督之職。漕運總督權力較大，不但管理漕運，而且兼巡撫，因此也稱「漕撫」。漕運總督所屬衛軍稱運軍，約有 12.7 萬餘人；此外，漕運總督另轄遮洋軍 7000 人。

總督漕運部院的官署位於舊淮安府城中心，規模宏大，保存完好。官署佔地 50 多畝，南北長 336 米，東西寬 100 米，內有各類房舍 213 間，「重臣經理」、「總共上國」、「專制中原」的牌坊 3 座。佈局嚴謹，左右對稱，分為東、中、西三路。中軸線上分設大門、二門、大堂、二堂、大觀堂等，其中以大堂、二堂為主體，大觀樓為制高點，序列清晰錯落。東路南部為書吏辦公房、水土祠等合院式建築組群，北側有東林書屋、正值堂及一覽亭等。西側為休憩之處，有百錄堂、師竹齋、來鶴軒等合院式建築。大門前有照壁，東西兩側各有一座牌坊。至今我們仍能從其規整有序的佈局中，感受到當時漕運管理中樞的威嚴。

可惜的是，以上建築皆毀於戰亂中。如今的漕運總督府是在原有遺址的基礎上重新建造而成的。

中國古代漕運制度至明清時期發展成熟並最終衰亡，與此同時也催生了一批漕運沿岸城鎮的興起，並造成其蕭條衰落。以淮安為例，漕運的發展、運河水道的變遷給淮安經濟帶來了空前繁榮，淮關一度成為僅次於蘇州滸墅關的內陸關口，但在清代中晚期試行海運後，淮安也就如其他運河城市那樣無可避免地步入衰落。

從金明昌五年（1194 年）至清咸豐五年（1855 年）間，黃河數次奪淮入海，帶來的泥沙侵佔和淤塞了淮河原有的入海通

道，使得原本成形的淮河水系出現紊亂。1855 年黃河在河南省銅瓦廂決口，改道北流至山東，奪大清河入海，導致大運河全線南北斷航。所以，淮安以北的京杭大運河自從明代中葉以後，不僅迂緩難行，且時常發生沉船事故。為了保證漕船行駛通暢，清政府下令禁止民間船隻在運河上游航行。

清同治元年（1862 年），為便於圍剿捻軍，漕運總督移駐於清江浦原南河總督署，稱為總漕行轅。這樣，從萬曆七年（1579年）漕運總督凌雲翼遷總督署於此算起，至光緒三十年（1904年）清政府裁撤漕運總督及各省糧道等官，總督署廢止，總督漕運部院歷經兩朝四個世紀，共計 325 年。光緒三十一年（1905年），原漕運總督署改建為江北陸軍學堂，辛亥革命後停辦。民國時期，漕運總督署舊址東側闢為體育場。1943 年遭日軍飛機轟炸而成廢墟，1988 年以後發掘重建。

漕運總督衙門大堂遺址現存有 33 個柱礎，並出土了大量實物。在此基礎上，這裏近年興建了中國漕運博物館。

除了上述總督衙門建築，淮安市還有許多與運河有關的建築遺存，例如清江浦樓等。清江浦樓建於清雍正七年（1729 年），樓為兩層，青磚灰瓦，方形。門楣各嵌石匾一塊，橫刻「清江浦」三字，上款豎寫「雍正己酉歲孟秋吉旦」、「道光甲申仲秋吉旦」，下首豎寫「管理山清裏河督捕理事分府夏口重建」、「欽加府銜山清裏河理事分府張棟口重建」。清江浦樓一直為清江浦的標誌，也一直保存完好。2003 年，當地政府異地新建的「新清江浦樓」，也已成為當地的一個地標式建築。此外，淮安歷史上也曾存有大量兼具南北園林之特色的園林建築，這其中，清晏園是最有代表性的。清晏園曾是管理運河事務官員的行館，興建

於康熙年間（1662–1722 年），據說乾隆下江南時也曾在這裏居住。園林中最有特色的是荷芳書院。它建於乾隆十五年（1750年），是當時江南河道總督高斌為迎接乾隆皇帝第一次南巡，在園中荷花池北岸所建的行宮。建堂 5 楹，周遭皆遊廊，佈奇石名花。之所以稱為荷芳書院，一是院子就在荷花池邊，二是有「河防」諧音之意。

寧波：三江口會館

清代中葉，運河經濟達到了空前繁榮，以地域為紐帶的商幫會館已經無法滿足商品經濟的發展需求，行業會館開始出現。寧波慶安會館就是其中之一。慶安會館位於寧波市江東北路 156 號，因地處奉化江、餘姚江、甬江匯合的三江口東岸，又稱三江口會館。自古以來，三江口就是一個重要的出海港口。遠在唐代時，寧波港口就已經頗具規模，經過宋元各代的發展，到了清代，這裏已經成為當時全國著名的對外貿易港。大運河沿岸的物產經由這裏走向了世界，同時世界各地的商品也由此進入了中國腹地。借助寧波，大運河有了更為廣闊的延伸。三江口不僅助力大運河的興盛，同時也在大運河走向衰落時肩負起漕糧海運的任務。因此，與那些以地域為紐帶的會館不同，出入三江口會館的全部都是在寧波從事北方船運業務的商人。由於地處浙東運河沿岸，同時又處於海港城市，所以三江口會館同時具有大運河文化和海上絲路文化的雙重特色。

三江口會館是我國七大會館之一。它始建於清道光三十年（1850 年），落成於咸豐三年（1853 年）。佔地面積約 5000 平方米。會館坐東朝西，建築的平面設計呈縱長方形，沿用傳統的院

落和空間圍合手法，沿縱軸方向層層推進，層次分明，具有一種深宅大院的縱深感。中軸線上的建築有照壁、接使亭、宮門、儀門、前戲台、正殿、後戲台、後殿，左右為廂房、耳旁及附屬用房等。在建築立面上，建築物隨著地勢逐漸升高，主次分明，烘托出正殿的高大雄偉。

三江口會館是少見的宮館合一的建築，館內的前、後雙戲台建築形制，為中國前所未見，分別為祭祀媽祖和行業聚會時敬神、演戲之用。前後兩座古戲台建築構造獨特，工藝尤為精湛，戲台各處均有磚雕、石雕和朱金木雕，集中反映了寧波傳統的木結構建築技術水平和雕刻藝術特色。建築的色調運用也可謂別出心裁。建築群以朱、金、灰三種顏色構成色彩基調，木構件敷以紅色，大量的木雕部分用金箔貼面，磨磚牆面、石板地面、屋面呈灰色，充分體現了廟宇建築肅穆、莊重與高貴的格調。同時，後殿作為會館日常辦公與重要的議事之處，也充分體現了天后宮與行業會館雙璧齊輝的功能。

三江口會館擁有著 160 年歷史文化積澱。依託其所承載的媽祖文化、會館文化、海洋文化和地域文化，通過陳列開放、學術研究、惠民活動三位一體的宣傳展示，成為「海上絲綢之路」、「中國大運河」文化遺產的重要標誌，讓寧波市民零距離感受文化遺產的魅力與精彩，形成尊重歷史、尊重文化遺產的情懷。

三江口會館裏供奉的是媽祖，所以又名「甬東天后宮」，為我國八大天后宮之一，也是浙江省現存規模最大的天后宮。媽祖是東南沿海一帶出海的漁民的神靈，最初僅在廣東、福建一帶，漸次北上。北宋宣和五年（1123 年），宋徽宗封媽祖為「順濟夫人」、為媽祖欽賜順濟廟額，使媽祖信仰得到朝廷的認可，隨後媽祖信仰迅速傳播到全國各地的海港城市。元世祖封媽祖為「護

國明著天妃」，明崇禎帝封媽祖為「碧霞元君」，清康熙帝封媽祖為「昭靈顯應仁慈天后」，列入國家祀典。明清以來，媽祖信仰傳及朝鮮、日本、東南亞等沿海地區。不過讓人意想不到的是，許多內陸城市也有此習俗，比如江蘇省泗陽縣祭拜媽祖的習俗已有 300 多年的歷史了，這是極其少見的。將媽祖帶到這裏的正是沿京杭大運河做生意的福建人。泗陽天后宮亦稱閩商會館，始建於清代康熙年間（1662-1722 年）。泗陽眾興鎮是京杭大運河漕運要衝，是官家、商人、漕幫船家行船走馬的歇腳之地。他們在水道上經歷風險，都有祈禱企盼的需要。當時，泗陽商貿發達，四面八方的客商匯集聚攏，有福建人在騾馬街西建宮供奉海神，其是閩商發展商務的聚會之所，也是他們祈禱祭祀之廟堂。由此也可以了解，大運河─會館是一條文化習俗傳播的有效路徑。在山東的許多內陸城市，也建有媽祖廟，亦是運河帶來的文化與建築。

很長時間以來，三江口會館都僅僅是作為海洋文化的載體進行宣傳，這裏也早早開闢為全國首家海事民俗博物館。這座博物館是中國大運河世界文化遺產點，是寧波運河文化的實物載體，作為大運河與海上絲路的結合點，這裏在大運河的線性文化遺產中是獨一無二的，也就有了特別的價值。2019 年，這家博物館加入了由浙江省文物局、浙江省博物館學會等部門主辦的大運河（浙江）城市博物館聯盟。我想，這對於三江口會館來説是一件非常好的事，我們知道，在船舶工業得到一定發展之後，關於南糧北運究竟選擇海路還是選擇運河，是有一番紛爭的。明萬曆年間（1573-1620 年）意大利傳教士利瑪竇就曾對此提出過困惑，而在三江口，在大運河與海上漕運的交匯處，應該可以得到解開此類歷史難題的鑰匙。

會館

會館是中國明清時期都市中由同鄉或同業組成的社會團體的聚會之處。始設於明代前期，迄今所知最早的會館是建於永樂年間（1403-1424 年）的北京蕪湖會館。嘉靖、萬曆時期，會館趨於興盛，清代中期，會館幾乎遍及通都大邑，府、州、縣城甚至某些鄉鎮，僅僅北京就有 400 餘所。

明清時期的會館大體可分為 3 種：①同鄉官僚、縉紳和科舉之士居停聚會之處，又稱「試館」。②以工商業者、行幫為主體的同鄉會館。③遷居客民建立的同鄉移民會館。

早期的會館絕大部分設於北京，主要作用是同鄉組織。明代中葉以後，隨著商品經濟的逐漸發展，會館的作用開始從單純的同鄉組織向工商業組織發展。後期的工商業會館還可能同中國古代的綱運制度有著淵源關係，如福州的汀州會館，原來是長汀、上杭二縣經營紙錠的商人所組織的「紙錠綱」，後由「紙錠綱」擴充為「四縣綱」，進而成為汀州會館。明代後期，工商性質的會館佔很大比重，但仍保持著濃厚的地域觀念。即使到了清代後期，超地域的行業組織大多仍以同業公會的面目出現。

黃金水道

上一章「飛閣流丹」在介紹大運河沿線的建築遺存時，涉及了淮安地區的運河漕運管理機構。事實上淮安地區只是漕運文化的一個縮影，大運河河道及沿線的閘壩、倉庫、鈔關、傳統街區、城市等各種類型的文化遺產都反映了漕運制度和文化的興起、發展、繁榮、沒落乃至消亡的完整過程，見證了這一中國獨有並已消逝的制度體系和文化傳統。

大運河見證了中國歷史上隨著封建王朝的消逝而消逝的一種特殊的制度體系——漕運。

　　漕運是我國歷史上一項重要的政治經濟制度，它是利用水道（含河道和海道，水路不通處輔以陸運）調運徵收物資的一種資源調配制度。這調運的物資，以糧食為主。

　　歷代王朝非常重視漕運，逐漸建立起一套完備的運輸管理和河道管理制度。兩者互相制約、互相支撐，共同構成了中國獨特的漕運體系。漕運制度始於秦漢而終於晚清，唐代是漕運各項規章制度的初創期，元代漕運組織與漕運制度逐步完善，明代漕運制度空前健全，清代前期漕運組織機構和管理制度更為嚴密。漕運推動了商品經濟的發展、沿岸城鎮的興起繁榮及資本主義萌芽的增長，但是也給南方及運河沿岸人民帶來了沉重的負擔，對社會經濟的破壞作用也是不容忽視。

　　運河是漕運最主要的通道，為了實現和保障漕運安全，歷代王朝動用一切力量修建、疏浚運河，並建造船閘、縴道等設施保障漕船的安全行駛，力求運河全線貫通；並設置專門的河道管理機構和官員。同時，還建立造船、運輸、轉運、倉儲、管理等配套設施，並設置專門管理漕運的中央或地方機構，以及押運官、領運官、閘官壩吏、倉場官吏等各種專門官職，甚至設置人數眾多、專門從事漕糧運輸的國家軍隊；頒佈了涉及漕運事務各個方面的管理制度，包括規定每年的漕運時間、漕船通過各主要關口的時間、漕船運輸私貨數額等，形成了完備的漕運管理制度和體系。

大運河的貫通與隋唐漕運

漕運在中國出現很早，春秋時期就有相關記載。都城周邊的農田產出不敷供給，便要從其他地區調運糧食。在古代較為落後的交通條件下，陸路運輸成本高且道路安全沒有保障，便依賴於水路。天然水道又不能完全為運輸所用，便要開鑿人工河流，運河便應運而生。運河開通之後，朝廷徵收糧食也就便利了許多，豐富的糧食資源可以供養更多的人口脫離農業生產，從事政治、軍事、文化等工作，這在客觀上推動了城市的興起，也推動了經濟繁榮與文化發展。

漕運成為社會發展的重要推動力，使大規模的南糧北調成為可能，並發展成為慣例，當然要從隋代修通大運河算起。

隋是中國歷史上少有的幾個統一天下的短命王朝之一。雖然「短命」，但卻形成了新的大一統格局，並為後世的封建王朝打下了許多基礎，比如中國的文官選拔制度等。大運河的開通，同樣是一件影響千年的大事，它為社會穩定和經濟發展創造了極其優越的條件。

隋代建立之初的 10 餘年間，社會經濟的發展的確相當迅

速。《貞觀政要·辯興亡》載，文帝末年，「天下儲積，得供五六十年」。及至大運河開通以後，「公家運漕，私行商旅，舳艫相繼」，更使大量的江淮物資源源不斷地運至關中，社會出現了經濟繁榮的景象。

一件事物，如果得來太容易，往往不會被珍惜。運河開通之後，糧食問題很容易得以解決，杜佑《通典·食貨七》：「隋氏西京（今陝西西安）太倉，東京（今河南洛陽）含嘉倉、洛口倉，華州永豐倉，陝州太原倉，儲米粟多者千萬石，少者不減數百萬。」天下義倉皆充滿，大約這令皇家的慾望充分膨脹，於是隋煬帝開始四處搜刮奇珍異寶，並三下揚州，給中央財政帶來巨大的壓力。這壓力則也是通過運河轉嫁給了沿線的人民。隋末農民起義，大多是沿運河兩岸而起，最初的起義便是山東鄒平鐵匠王薄發起。此後，山東平原、漳南、瑜等地紛紛舉起義旗。最終，這些起義軍也像運河一樣匯成巨流，淹沒了盛極一時的隋王朝。

現在的史家也許會說，如果隋王朝的統治者能夠充分利用運河的開通，輕徭薄賦，賑貧貸乏，與民休息，發展生產，隋必然會成為一個經濟繁榮、政治穩定的強大帝國，從而奠定其牢固的基業。

但隋煬帝顯然還沒有意識到這一點，就被自己締造的帝國沖昏了頭腦，開始極盡奢侈之能事，完全不顧人民的死活。史料記載，在造顯仁宮時，他下令全國貢獻草木花果、奇禽異獸，搜羅大江以南、五嶺以北的奇材異石，置於宮中。修築西苑時，在苑中開人工海，周圍幾千米，海中設蓬萊、方丈、瀛洲三神山，山上山下遍佈亭台樓閣，海北有龍鱗渠注於海中，渠旁建有十六院，池沼中也佈滿特製的荷、菱、芡，所建迷樓更是「千門

萬牖，上下金碧」，「工巧之極，自古無有也」。即使在征伐高句麗，國家陷入戰爭時，隋煬帝也未曾忘記在長安建大興宮，在毗陵（今江蘇常州）大建宮苑。在出遊江都時，自長安所建離宮40餘所，據《壽春圖經》記載，僅在江都就建有歸雁、回流、九里、松林、楓林、大雷、小雷、春草、九華與光汾10所。「蒼蒼古木中，多是隋家苑。」隋煬帝喜歡繁花似錦的盛景，也特別喜歡用綾羅綢緞裝點門面。每年正月，萬國來朝，為誇耀富麗，在洛陽端門外，建國門內，大演百戲，「伎人皆衣錦繡繒綵，其歌舞者多為婦人服，鳴環佩，飾以花氉者，殆三萬人 …… 兩京繒錦，為之中虛」。大業六年（610年），在天津街演百戲15天，參加演奏者萬餘人，費資巨大。當西域人來洛陽經商時，隋煬帝又令洛陽城內裝飾一新，用彩帛纏飾樹木，以示豪華。在冬天時，皇家花園裏的花木凋謝，看起來有點荒涼，他便下令將綾彩剪成花葉裝飾。

即便如此，從隋政權覆亡到唐貞觀十一年（637年），隋舊倉中的糧帛仍然沒有消耗完，可見隋政之初，隨著運河的開通，社會經濟確實得到極大發展。因為這繁榮來得太快，也就散失得很快。唐帝國接受了這一教訓，在建政初，對漕糧的徵收相當有限，關中的糧食不夠吃，皇帝就像隋文帝一樣，率領百官去「洛陽就食」。這主要的原因，還是因為從長安到洛陽的水路要經過三門峽，這是一條非常有風險的水路，航船至此，經常遇險，導致運力低下。所以，在唐太宗、高宗時，漕糧的總運量不過20萬石，史書上稱為「漕事簡」。

經過貞觀之治、開元盛世的積聚，社會經濟復甦並重達繁盛。開元二十一年（733年），唐玄宗以裴耀卿為相，兼江淮、

河南轉運都使，對漕運進行全面升級。唐初年的休養生息告一段落，一個大開發的年代開始了。同時，這也可以看到唐玄宗對漕運的重視，由宰相親自督理河政，也算是「頂配」了。

裴耀卿總結了前人的經驗教訓，健全了漕運制度。他管理漕運的辦法，簡單地說，就是轉般法和倉儲制度相結合。

首先，裴耀卿在漕運路線上的許多關鍵點建造了糧倉，為儲運打下基礎。之後，裴耀卿又精心設計了一條分段轉運的路線。在此以前，漕運是從江淮地區把糧食直接運抵洛陽或長安。這樣，由於途中水道的限制，往往用時較長。分段運輸法則是轉換思路，將江淮的糧食物資經運河北上至河陰縣即納入河陰倉，此後運船即返回。河陰倉的糧食由其他的船隻重新安排運輸。這樣一來，運河裏的船隻周轉效率大大提高；而至河陰後的轉運，也可以根據水勢等自然條件靈活安排，所以漕運的效率大大提高。

從這段歷史我們可以看到，其實漕運就是一種物流方式，想提高效率，除了增加硬件設施，改善客觀條件外，主動運用統籌方法，也同樣重要。在數學工具還未普及的中國古代，正是因為有許多善於動腦筋、想辦法的智者，才令大運河上的漕運一路暢通。

裴耀卿的辦法立竿見影，開元二十二年（734 年），運河上漕糧的數量猛升至 230 多萬石，是之前的 10 倍。此後歷代，漕運都成為維繫國家糧食安全的命脈。

天下糧倉

　　上面提到了裴耀卿的轉般法，這個辦法有一個關鍵的設施，就是倉儲。事實上，在歷代的漕運制度中，倉儲制度都是重要的組成部分。隋煬帝疏通了南糧北調所需的網道，設置了洛口、回洛兩倉，儲糧 2600 萬石。唐代「轉般法」，按「江南之舟不入黃河，黃河之舟不入洛口」（《新唐書‧食貨志三》）的原則，於沿河就勢設倉，節級轉運。在元明清各代，京杭大運河貫通後，北京的南新倉、杭州的富義倉等，成為維繫國家命脈的重要設施。一直到今天，許多當年的糧倉還存有遺跡。

　　隋唐運河的漕運系統是以洛陽為中心的，所以在今天的洛陽地區，有許多當年的國家糧倉遺址。這其中最主要的是含嘉倉和回洛倉，這兩座大型皇家糧倉都已經沉入地下，但遺址發掘工作在前些年就展開了，從現有的資料看，兩倉規模是十分宏大的。

　　含嘉倉是隋唐大運河沿線的大型官倉，而且是唐代使用的最大、最重要的官倉，歷經隋、唐、北宋三個王朝，沿用 500 餘年後廢棄。含嘉倉地處隋唐洛陽城東城之北，是隋唐洛陽城的重要組成部分，亦是隋唐時期中國南北漕運發達的見證，與大運河關

係密切。含嘉倉始建於大業元年（605 年）。從遺址看，整個呈長方形，總面積 40 餘萬平方米，倉窖數百座，由倉窖區、生活管理區和漕運碼頭區等組成。

在含嘉倉遺址出土了許多銘磚，銘磚上刻有糧倉的方位、儲糧的品種、數量、糧食來源、時間、管理人員的官職和姓名等，信息十分豐富。用今天的話來說，也很容易進行責任的追溯，這說明當年的糧倉管理方面有一套行之有效的辦法。現在發掘出的銘磚上，記載的漕糧來源有蘇州、楚州（今江蘇淮安）、邢州（今河北邢台）、德州、濮州（今河南濮陽）、魏州（今河北大名）等，可見當時漕運對全國各地的糧食資源已經具有很強的吸納能力。

以洛陽為中心的糧倉還有回洛倉、興洛倉、黎陽倉等大型糧倉。

回洛倉是隋煬帝遷都洛陽以後才建成的，是當時供應洛陽城的國家級糧倉，也是隋唐大運河沿線的大型官倉，在整個大運河運轉過程中起著「中轉站」和「儲備庫」的重要作用。回洛倉的遺址處於洛陽北部的邙山南麓，是我國整體格局保存較為完整的隋代大型糧倉遺址，遺址面積較大，倉窖數量眾多，地下遺跡保存較完整。分為倉窖區、管理區、道路和漕渠四個部分。2004年，洛陽的一家工廠要在這裏建廠房，建設前的例行考古發掘中，人們發現這裏有糧窖存在。當年即出土了刻有「大業元年」的銘磚，經過進一步發掘，確認是回洛倉遺址。回洛倉東西長1140 米，南北寬 355 米，總面積 40 多萬平方米。據倉窖分佈規律推算，應該達到 700 餘座，最高總儲量可達近 18 萬噸。

在洛陽附近的鞏義市東北，還發現了興洛倉（後改為洛口

倉）。興洛倉建在黃河與洛河的交匯處，隋煬帝為之取名「興洛」。據《民國河南省鞏縣志》，「興洛倉即洛口倉也，隋置倉於鞏者，以鞏東南原上，地高燥可穿窖久藏，且下通河洛漕運也」。這座糧倉建於隋大業二年（606 年）冬，「置洛口倉於鞏東南原上，築倉城，周回二十餘里，穿三千窖，窖容八千石以還，置監官並鎮兵千人」（《資治通鑑‧隋紀四》）。按此記載計算，興洛倉的容量比回洛倉還要大，是當時的第一糧倉。但是因處於兩河交匯的兵家必爭之地，這座糧倉也在隋末農民起義時失守，瓦崗軍首領李密開倉散米，百萬百姓蜂擁而至，有的糧食拿得太多，走到一半發現拿不動了，就扔在路上，糧米散落在地上有數寸之厚，「洛水兩岸十里之間，望之皆如白沙」（《資治通鑑‧唐紀二》），這也可從側面看到興洛倉積糧之巨。

此外，隋運河上重要的糧倉還有位於衛州黎陽縣（今河南濬縣）的黎陽倉，它是永濟渠沿線的大型轉運糧倉。這座接近正方形的倉城，東西約 260 米，南北約 280 米，面積為 7 萬多平方米，已經探明近百個倉窖，目前還有很多倉窖正在等待發掘。根據已確定的倉窖平均容積計算，黎陽倉的總儲量約 1.5 萬噸。黎陽靠近古黃河，在隋唐時代也是糧食的豐產區，建倉的開始應該是黃河的漕運、永濟渠開通以後，永濟渠和黃河同時漕運之時。

今天人們在北京的東四十條一帶，還能看到有皇家糧倉標識的建築。東四十條 22 號的幾處古建築，在高樓大廈中並不十分起眼。但這裏是明清兩代的皇家倉庫——南新倉。南新倉俗稱東門倉，是明永樂七年（1409 年）在元代北太倉舊基上起建而成，清初時南新倉為 30 廒，到乾隆年間（1736–1796 年）增至 76 廒，現在剩餘 9 廒。

明永樂年間（1403-1424 年）建造南新倉，是出於儲存的需要。明成祖於永樂十四年（1416 年）下令營建北京宮殿，永樂十八年（1420 年）北京宮殿落成，明成祖於同年九月下令以北京為京師，次年正式遷都北京。此後數年間，北京人口激增，社會經濟活躍，漕糧的規模也不斷擴大，每年由江南地區運來的漕糧有 400 萬石左右。這個數量相當驚人，糧食儲備關係到政權的穩固，因此歷代統治者都相當重視，所以也要在硬件設施上予以保證。永樂年間北京建設了許多糧倉，南新倉是北京糧倉的中心，管轄 8 個衛倉，分別是府軍衛倉、燕山左衛倉、彭城衛倉、龍驤衛倉、龍虎衛倉、永清衛倉、今吾左衛倉和濟州衛倉。明代北京共有包括南新倉在內的 7 座官倉，均集中在老北京的東部地區。除了南新倉，其他的還有海運倉、北新倉、舊太倉、興平倉、富新倉、祿米倉等。海運倉，顧名思義，是接受海運漕糧的倉庫，雖然有些糧倉現在已經不存，但熟悉北京的朋友一定知道，像海運倉這樣的地名還在沿用著。乾隆年間，北京又陸續建設了萬安倉、太平倉、裕豐倉、儲濟倉、本裕倉和豐益倉 6 座倉，數量上達到 13 座。此外，通州還有中、西兩座倉。

在古代「倉」是有特定含義的，一間普通的儲藏用庫房不能稱之為倉。倉的規模很大，是總稱。儲糧的庫房稱之為「廒」。每 3 間庫房稱為一廒（後改為 5 間為一廒），廒門設有編號，門口寫著某衛某號。「廒」的容積也是有規定的。南新倉的廒寬約 23.8 米，進深 17.6 米，高約 7.5 米。為了保證堅固防潮，倉房全部都用磚砌成，所用的磚按照最高等級的建築標準製造，也同樣採用我們前面說過的紫禁城用的臨清磚。圍牆有一米多厚，廒架結構基本採用獨棵圓木的中國傳統木架結構，巨大而珍貴的木

料產自四川、湖南、湖北、江西、浙江、山西等地，圓木直徑在
30-60厘米，結構十分穩固。屋頂為懸山、合瓦、清水脊頂，前
有罩門。不用說，這些建築材料也是從大運河上漂來的。

糧倉的建築設計、安全保障都是頂級的。為了防止被大水淹
沒，每座倉廠都建在地勢較高處，四周築有高大堅固的圍牆。
在排水防潮方面的設計也很精妙縝密，不僅在地下鋪設了排水管
道，每座倉廠的地基都是用三合土夯築的。三合土，被現代的
研究者戲稱為「中國混凝土」，通常用石灰、黏土和細砂按照一
定的比例配製而成，在某些書中還有加入糯米汁以增加黏度的記
載。三合土在古時候被廣泛用作地基、圍牆等，也被大運河沿岸
許多地區用來加固河堤。糧倉的地基除用三合土外，還會均勻鋪
灑一層白灰，再用磚鋪作地面，在磚質地面上再用木條做龍骨，
在上面鋪滿松板，這樣的地板結構也可以保證阻隔濕氣。倉房的
牆壁上還有護牆板，門有門罩，這些都是為了阻斷濕氣。此外，
糧食本身含水分，也會有蒸發，如果不通風，也容易變質，所以
每座倉廠都有氣樓和閘板等設施，頂端還有竹筒做的通風裝置。
這樣，基本可以保證糧倉內部防潮通風，冬暖夏涼。

南新倉容量是相當驚人的，它最小的儲糧為100萬石，石
是容量單位，折算下來，一石的糧食大約得有50千克左右，這
樣南新倉可儲存近5萬噸的糧穀，相當於今天5000個左右的集
裝箱。

元明清各代，朝廷每年平均從魯、豫、蘇、浙、徽以及兩湖
等地徵收米、麥、豆等糧食460多萬石。京杭大運河剛貫通時，
這些漕糧是在積水潭一帶的碼頭裝卸，到了後期，積水潭碼頭逐
漸廢用，漕糧先運到通州，一部分由駁船經通惠河各閘口運到東

便門外大通橋附近停靠卸糧，再用車輛運到各京倉，另一部分，則經通州護城河運到通州中、西兩倉。有時糟糧數量太多，倉庫一時放不下，就放在露天。新到的漕糧往往要先晾曬，常年存放的廩糧還要翻倒、除糠。因此，廠外還有晾曬場，倉中除官員、官役外，還有糧工、車輛、馬匹、工具等。在倉的周邊街巷，與倉儲漕運相關的行業應運而生，如大車店、小飯館、小酒店等。

此外，糧倉裏還設有龍門、官廳、科房、大堂、警鐘樓、更房、倉神廟、土地祠、關帝廟等附屬設施，是一個行政、消防、守衛、祭祀多種職能並存的工程系統。

中華人民共和國成立後，南新倉曾做過北京市百貨公司的倉庫。今天，古老的皇倉正煥發出勃勃生機，且有一定的文化氣息。

此外，重要的糧倉還包括杭州的富義倉、淮安的豐濟倉等。這些糧倉中都凝結著一段歷史，多數使用的時間非常長。例如杭州的富義倉建於清代光緒六年（1880年），在民國時期還保持著糧倉的功能。同時，隨著中國大運河申遺成功，運河沿線的糧倉也紛紛建立了遺址公園。像回洛倉的考古遺址公園，除了展示已經發掘的幾個倉窖外，也在考慮籌建倉窖博物館，將有著千年歷史的糧倉展示給觀眾；杭州的富義倉文化公園也與附近的許多景點一起，成了旅遊勝地。

運河鈔關

大運河在運輸的過程中，會產生許多成本，比如河政管理、河道疏浚、漕運倉儲等，都需要大量的人力物力，因此明清兩代在運河上設立鈔關，收取運河上航船的稅收，以這部分收入來作為運河運輸的成本。

鈔關又稱榷關，是明清兩代朝廷派駐，督理漕運稅收的直屬機構，是漕運管理制度的重要組成部分。鈔關官員或由戶部直接委派，有時也由地方大員兼任。明代鈔關的差官一般是戶部員外郎或主事，從五品或正六品，相當於現在的副廳級幹部，任期一年。

明代禁止海運，京杭大運河在商貿活動中的地位越發重要。因此明代初設的八大鈔關，有七個設在運河沿岸。七座鈔關從北至南依次為：崇文門（北京）、河西務（清代移往天津）、臨清、淮安、揚州、滸墅（蘇州）、北新（杭州）。另外一座鈔關在江西的九江，是沿長江貿易興起後所設立的。萬曆年間（1573–1620年）運河七關商稅共計 31 萬餘兩，天啟年間（1621–1627 年）為 42 萬餘兩，約佔八大鈔關稅收總額的 90% 左右。清代起初也

是沿襲這樣的鈔關結構，但長江岸線貿易持續活躍，於是沿江增設多處鈔關，海運重開後，又增設了沿海鈔關。

在山東境內，鈔關的設置經過了一番調整。最初山東運河沿線有濟寧、東昌、臨清、德州四個鈔關，最終只剩下臨清一座鈔關。這樣的設置是有道理的，因為大運河山東段歷來水源不足，航線本身就帶有一定的問題，如果稅收再多，那行船的成本必然過高。

臨清位於魯西北，現為聊城市代管的縣級市。臨清是一座典型的因運河而興又隨運河而衰的城市，城內有兩條運河的河道。隋煬帝開通的大運河中永濟渠一段就流經臨清，但當時臨清並沒有成為運河上的關鍵點。元世祖至元二十六年（1289 年）京杭大運河會通河段的開通，使得臨清迅速繁盛起來。這裏在運糧的季節十分繁忙，除了漕糧，南方生產的絲綢、茶葉、瓷器和北方生產的豆、麥、梨、棗等特產，都通過大運河進行流轉。臨清的真正繁盛是在明永樂年間（1403–1424 年）開始的，當時漕運興盛，臨清成為內陸通往北京的漕運咽喉，是七省漕糧北運的中樞。臨清鈔關和與其相連的碼頭是商船的必經之地，這也帶動了附近的商品經濟發展，臨清一帶發展起了一大片商業街巷。這包括西南面的馬市街、碗市街和鍋市街以及鈔關西北的考棚街，這些商業街巷連貫起來，形成近 2 千米的長街，臨清中洲商業區的基本框架也由此形成。萬曆年間，臨清有 73 家布店，32 家綢緞店，65 家雜貨店，24 家紙店，100 多家典當舖，100 多家糧店和數十家瓷器店。當時的民諺說：「南有蘇杭，北有臨張。」「臨張」便是指臨清和運河上的另一個市鎮張秋鎮（今山東陽穀縣東，武松打虎的景陽岡即在此地）。

山東境內僅設臨清一關，不僅給這一地區的運河航運鬆了綁，也客觀上拉高了臨清關的稅額。臨清運河鈔關始建於明宣德四年（1429 年），宣德十年（1435 年）升為戶部榷稅分司，下設 5 處分關，直控督理榷收船料、商稅，以御史或郡佐充任專職。臨清鈔關徵收的稅銀曾佔運河鈔關全部稅銀的 1/4，至明代中期已達年 83000 餘兩，超過北京的崇文門鈔關而居全國八大鈔關之首。

運河給臨清帶來經濟繁榮的同時，也帶來了多樣化的藝術、飲食和宗教，徽班進京時，特地在臨清停留，為臨清留下了京劇的種子。臨清市內的兩座清真寺均為全國重點文物，建築風格為中國古典與阿拉伯建築風格的融合，有學者考證說這是元代沿運河而來的回族人所建。

到了清代，大運河在國民經濟中的地位逐步下降，運河鈔關稅收總額雖有增長，但在全國關稅總額中的比重逐步下降，嘉慶年間（1796–1820 年）已降至三成。隨著海禁的取消和對外貿易的增長，沿海諸關所佔比重逐漸達到三成多，長江各關稅收額也快速增長，運河鈔關所佔比重則一直基本保持在三成左右。清末廢止漕運，大運河風光不再，臨清作為一座運河之城也逐漸沉寂下來。

臨清鈔關直至 1930 年才取消，一共存在了 500 年之久。臨清鈔關作為古代八大鈔關之一，是現在保存下來的唯一一個運河鈔關，是運河文化的重要載體，是研究明清兩代經濟生活、運河城市的形成與發展及中國稅務發展的實證資料。乾隆十四年（1749 年）的《臨清州志》詳細記錄了當時鈔關的建築情況，根據這份記載，我們知道，臨清的鈔關有正堂 3 間，此外，還有

12 間料房、3 間皂隸房、3 間巡欄房、3 間船料房等辦公用房，另有鼓吹樓、土神祠等附設機構。鈔關的規模頗大，且留有「廉平」、「飲思」、「裕國」、「通商」等字樣的匾額和牌坊，臨河設坊，置鐵鏈於河內。所有這些遺跡，都記錄了幾百年間運河給這個城市帶來的繁榮，也記錄了運河曾經作為經濟命脈的存在。

臨清除了鈔關，還有鰲頭磯也是運河的重要遺存。這是一座建於明代的酒樓。明代大學士李東陽曾賦七絕「折岸驚流此地回，濤聲日夜響春雷。城中煙火千家集，江上帆檣萬斛來」，描繪出運河臨清段的繁盛。後來，鰲頭磯成為臨清博物館的所在地。

淮安、揚州也設有運河鈔關。淮安鈔關設於明代，清代仍用之，民國期間裁撤。淮安鈔關位於淮安城西的板閘鎮，又稱淮安榷關、淮安關、淮關。現江蘇省淮安市淮安區在民國以前稱山陽縣，為唐代楚州與明代淮安府治所。故《山陽縣志》載：「凡湖廣、江西、浙江、江南之糧艘，銜尾而至山陽，沿運河北運，雖山東、河南糧艘不經淮安板閘，亦皆遙稟戒約，故漕政通乎七省，而山陽板閘實為咽喉要地也。」可見運河如同給臨清帶來繁榮一般，也將興盛繁榮帶到了淮安。至於本來就號稱「廣陵自古繁華地，三月煙花八月濤」的揚州，更因設立在新城南門的鈔關而踵事增華，益發興盛。

鹽船載來的文化

中國古代鹽政自古與河運密不可分。西漢吳王劉濞於公元前179 年至公元前 141 年始開鑿了一條人工運河，西起揚州茱萸灣（今灣頭鎮）、東經過海陵倉（今江蘇泰州）至如皋蟠溪（今屬如皋城），這條運河因主要用來運鹽而一直被稱為「運鹽河」，它將江淮水道與東部的產鹽區連接起來，使得東部鹽場的鹽通過運河集中到揚州，然後轉輸各地，這為當時的吳王劉濞帶來了滾滾財富，使其得以積聚財富發動七國之亂。可見，鹽作為一種與糧食同等重要的戰略物資，在中國古代就已經與運河緊密結合在一起。從西漢以後，各個朝代均利用運河進行鹽業運輸、收取稅金等，鹽政與大運河也具有極為密切的關係。

與鹽運結合最為緊密的運河是大運河的蘇北段，這是因為蘇北地區一直是重要的產鹽區，由於產鹽區又主要在淮河故道入海口的南北，故又名兩淮鹽場。其中以淮南鹽場開發歷史最古老，淮北鹽場生產規模最大。古來素有「兩淮鹽稅甲天下」之說。

因蘇北一帶鹽田眾多，水路暢通，為加強鹽政管理，元代設都轉鹽運使司，明清相沿，簡稱鹽運使或運司，其下設有運同、

運副、運判、提舉等官。他們不僅管理鹽務，有的還兼為宮廷採辦貴重物品，是當時漕運體系中承上啟下的一個機構。兩淮都轉鹽運使司衙署是大運河沿線城市中重要的鹽業管理機構，設在揚州城，下轄 3 個分司，其中泰州、通州（今江蘇南通）二分司皆位於淮南，淮安分司則地跨淮河南北，治所設在安東（今漣水縣）。這樣一來，揚州城就成了鹽務的中心城市，凸顯了揚州作為清代大運河地區鹽業流通中轉站的歷史價值，也體現了大運河以糧食、鹽為主要水路運輸商品的特點，鹽業的管理者與鹽商大量聚集於此。清代所設立的兩淮鹽漕察院，是兩淮鹽區最高長官巡鹽御史的辦公場所，位於今天的揚州城開明橋東南。雍正九年（1731 年）改稱兩淮鹽政，道光十二年（1832 年）起兩淮鹽政則由兩江總督兼任。就像前面說的漕政、河政機構一樣，鹽政機構也是一個龐大的系統，與鹽商一起構成了揚州重要的社會組成部分。清代前期，鹽運數量達到高峰，揚州鹽業也在乾隆（1736–1796 年）、嘉慶（1796–1820 年）時期達到鼎盛。

　　鹽業對於揚州繁華的作用突出。鹽業是一種特許經營。賣鹽、運鹽本來已經有了收入，等到鹽船返程時又可將目的地的特產運回揚州，明清兩代均有免稅的政策，鹽船滿載而出又滿載而歸，賺取了大量的利潤。鹽商中以徽商佔比最大，徽州在明清時期是文化較為發達的地區，因而徽商在發家致富之後，對於文化的需求也相對較高，這給揚州城市建設以及城市生活都帶來一定的影響。熟悉揚州的讀者會知道，鹽商的生活通常都十分講究，他們建造的園林到現在還留存許多，而鹽商對飲食、服飾等生活習俗的影響也是深遠。

　　揚州作為明清時期聞名全國的工商城市，有「東南第一商

埠」之稱，商旅輻輳，會館林立，現今仍保留著眾多的工商會館和商業公所的歷史遺存。當時就有浙紹會館、湖北會館、湖南會館、寧波會館、嶺南會館、山陝會館等地域性商人會館 20 餘處。鹽商們還積極投身公共事業，出資疏浚鹽運河道，修補路橋，甚至設立育嬰堂、普濟堂等慈善機構，捐辦安定書院、梅花書院、敬亭書院、淮揚書院等。

鹽商大量建造的園林，是揚州城的一大文化資源。乾隆南巡要路過揚州，當地富商便爭相建造園林別墅，至最繁盛時，揚州城內私家園林多達 200 多處，雖歷經近代的戰亂，多數損毀，現也還有 30 處左右。揚州處於南北方交匯之處，江南人認為這裏是江北，黃河流域的人認為揚州是南方。這個特殊的地理位置與獨特的歷史，使得揚州園林既具有北方園林的金碧輝煌、高大壯麗，又有大量江南園林中的建築小品，自成一種風格。

這其中最有代表性的是个園。个園是清嘉慶二十三年（1818年）由兩淮鹽業商總黃至筠在明代壽芝園舊址上創建的。黃至筠本是杭州人，因經營兩淮鹽業，而入籍揚州府甘泉縣，他是清代嘉慶（1796–1820 年）、道光（1821–1850 年）年間的八大鹽商之一。黃至筠是一名經商奇才，同時也具備一定的政治頭腦，他與胡雪巖一樣同為「紅頂商人」，正二品頂戴，欽賜鹽運使司鹽運使。因屢次捐資朝廷賑災及軍費開支，曾兩次獲得進京祝壽、入圓明園聽戲的待遇。同時他也是有文化修養的儒商，在書畫藝術方面有著很深的造詣，現今个園抱山樓下的嵌壁石刻上，還存有他畫的一幅扇面。个園的建築風格獨特，有較高的藝術性，而園中最有特色的，是四季假山的構思。在園林中，設計者充分利用山石，造出了春夏秋冬的四季風景，春山是在竹叢中插植石

筍，以「雨後春筍」點「春」的主題；夏山以青灰色太湖石為主，疊石似雲翻霧卷之態；秋山是黃石假山，線條粗獷，古柏倚伴嶙峋山石；冬山則是以潔白、圓渾的宣石（雪石）營造出冬天的氣氛。以石造景，用山石本身給人的感受製造出春夏秋冬的意趣，顯示出園主非凡的想像力。中國畫中春夏秋冬向來是受喜愛的題材，而个園的主人，彷彿是在用園林作畫。

揚州是與大運河關係最密切的城市之一，民間有個影響非常大的説法：隋煬帝開挖運河的目的是為了到揚州尋歡作樂。這種説法雖然過於片面，但千百年來一直流傳，也反映出人們對揚州生活富足的某種認同。揚州文化資源眾多，並在全國率先建設文博城，博物館的數量與質量在同類城市中均居於前列。我曾多次去揚州，了解當地文博事業的發展。揚州人文薈萃，文化底蘊深厚，學習風氣好；揚州人注重生活品質，不斷嚮往更加美好的生活。揚州市民對博物館有著多樣化需求，而揚州上百座各具特色的文博場館，能滿足人們不同的文化需求和文化體驗。

揚州作為大運河申遺牽頭城市，承擔了它的責任，使得大運河整體申遺一直保持很好的推進狀態，最終實現了中國大運河整體列入《世界遺產名錄》。中國大運河列入《世界遺產名錄》只是大運河保護的新開端，更重要的是，要盡到世界歷史文化遺產保護的責任。揚州作為大運河申遺的牽頭城市，同時也發揮了大運河保護管理的作用。一直在揚州舉辦的世界運河城市論壇，在國際上是示範性的，也是引領性的。最近幾年，揚州在運河環境整治方面加大了力度，比如三灣地區有了實質性變化。揚州做的典範性工作，對申遺後各個城市如何繼續加強運河保護頗具意義。我也特別希望揚州在大運河保護方面繼續不懈努力，往前面

走，無止境地往前走，使大運河真正成為中華民族世界遺產保護的典範，成為把文化遺產融入人們生活方面的範例。

鹽運是大運河上獨特的歷史風景，留下了豐厚的文化遺存，前面說到的兩淮都轉鹽運使司衙署（僅門廳）的形制和規模得到了良好的保存，其歷史位置、作法、材料均保存完好，真實性較好。

在山東境內，阿城鹽運司始建於清乾隆十三年（1748 年），位於陽穀縣阿城鎮海會寺西側，亦稱運司會館、山西會館，是聊城運河沿線僅存的古代鹽業管理機構遺存，也是明清時期聊城運河經濟繁榮的見證。建築群佔地面積 2623 平方米，是一組類似中國北方傳統四合院佈局的建築，現存建築有山門、前殿、後殿、配殿等。南北長 72 米，東西寬 47 米。鹽運司建築技法精湛，大殿柱礎雕刻精細傳神，木構件製作精巧，彩繪流暢生動。它作為古運河沿岸的重要文物建築，集房屋構造、雕刻、書法、油飾彩繪精華為一體，是清乾隆時期（1736–1796 年）中國鹽運司會館建築的代表作，具有較高的歷史與藝術價值。

黃金水道，古今一揆

在當今物聯網快速發展的時代，雖然飛機航線、鐵路、高速公路等運輸網絡已經十分發達，但運河航運仍以其低成本、低風險的優勢，在大宗貨物的運輸中發揮著重要的作用。很多人難以相信，即便是像蘇州這樣的城市，如今仍然有一半的貨物運輸是依靠古老的大運河。據統計，平均每天都有大約 6000 艘船從蘇州的運河河道穿過。

前面說過，大運河是包括隋唐大運河、京杭大運河和浙東運河在內的航運體系。這其中，從元代起京杭大運河一直是我國重要的南北水上運輸通道，以糧食運輸為主。從某種程度上說，它解決了中國南北社會和自然資源的不平衡，實現了南北社會資源和物產的大跨度調配，因而影響是深遠的。

大運河作為南北交通大動脈，歷史上曾起過「半天下之財賦，悉由此路而進」的巨大作用，促進了沿岸城市的迅速發展。其連通了海河、黃河、淮河、長江、錢塘江五大水系，縱貫華北平原、淮海平原和杭嘉湖平原，在運河沿線與支線網附近崛起一大批如揚州這樣的繁華城鎮，極大地促進了中國東部和中部地區

的發展。

千百年來，大運河流淌不息，在促進中國經濟、文化、社會發展中發揮了巨大作用。過去是南糧北運，現在則是北煤南運、南水北調。運輸是運河開鑿的根本目的，歷經千年的歷史滄桑和社會巨變，至 20 世紀初，仍有 10 萬多艘船舶長年航行在運河上。2018 年，僅大運河的江蘇段貨運量就達到 4.8 億噸，是萊茵河貨運量的兩倍多，而另一項統計數據則說明浙東運河的全線貨運能力是蕭甬鐵路的 4-5 倍。

大運河作為世界上開鑿歷史最悠久、航道最長、運量最大的運河，為中國南北物資流通做出了巨大的貢獻。今天，運河依然在中國綜合運輸體系中發揮著重要的作用，是內河水運網絡「一縱、兩橫、兩網」中唯一的縱向通道，也是北煤南運和長三角地區外向型經濟的大通道。它的北端連接著濟寧、棗莊、徐州、商丘、淮北等煤炭基地，南端連接著經濟發達的長三角地區。一方面便利了煤炭的外銷，為產煤區的經濟帶來了活力；另一方面保證了長三角地區便捷的煤炭供應，保障著這一地區日益增長的煤炭需求，為這一地區的經濟發展注入了強大的動力。

運河船型標準化示範工程，使船舶水體、噪聲污染明顯降低，航道、船閘的通過能力大幅提高。近年來，山東、江蘇、浙江三省投入巨資用於京杭大運河航道整治。山東省利用南水北調河道續建京杭大運河濟寧以北至東平湖段，使大運河最低航道等級達到三級，1000 噸級的單機船可從山東東平湖直達浙江杭州，運力提高 40%。

在京杭大運河與淮河水道交叉的地方，有一座橫跨淮河的水路通道，被稱為「水上立交」。它是亞洲同類工程中規模最大的

「上槽下洞」水上立交工程，入海水道洩洪時從大運河底下穿洞而過，不影響大運河通航。它的投入使用對淮河流域下游防洪減災有著巨大的作用，並保證了京杭大運河的運輸暢通。

流淌千年的京杭大運河，正煥發出勃勃生機。杭州拱宸橋作為運河終點的時代早已過去，目前的終點三堡船閘正在成為新的起點。京杭大運河從這裏跨過錢塘江向東挺進 240 千米，從寧波奔向一望無際的大海。

大運河千年來的各種變遷，是中華大地上下五千年來滄桑歷史的縮影和偉大展現。切實保護並科學利用運河，讓古老的運河永遠充滿活力，是我們的歷史使命。正如徐嵩齡先生在《大運河申報世界遺產對我國遺產科學建設的挑戰》文章中所說：「大運河作為『活態遺產』的現代功能可以概括為：航運功能，輸水功能，生態功能，旅遊功能。此外，對於大運河作為『活態遺產』的功能，不僅應考慮它的過去與現在，還應盡可能考慮它的未來，考慮它可能出現的新功能以及新的功能排序。」千里運河，千年漕運，孕育出豐富無比、千姿百態的大運河文化，現在所揭示和認知的僅僅是其表層和局部，更多深層次的文化內涵，還有待人們去認識和發掘。

漕運

　　中國古代政府將所徵收財物（主要為糧食）經水路（含海道）解往京師或其他指定地點，這種組織和管理即為漕運。因水路不通處往往輔以陸運，故又合稱「轉漕」或「漕輓」、「漕輦」。

　　先秦時代，各州所納貢賦往往經水道運輸，後世漕運始於此。

　　西漢定都長安，每年有大量糧食從淮南運往關中，轉漕逐漸制度化。為省時省力，政府採取多種辦法對漕運予以改進，其中包括挖掘人工漕渠以縮短水路。東漢定都洛陽，大大便利了關東各地漕糧的轉輸。水利工程的修建，不僅便利了漕運，也對免除山東、河南等地的水害起到了作用。三國、兩晉、南北朝時期，淮河、長江流域是南北對峙政權的前沿，各方均以通漕積穀為要務。

　　隋唐時期，隋代先後修通 4 段運道：山陽瀆，自山陽（今江蘇淮安）引淮水到達揚子（今江蘇儀徵東南）最終匯入長江；通濟渠（唐代改名廣濟渠），自西苑（今河南洛陽西）引穀、洛二水到黃河，又從板渚（今河南滎陽北）利用汴水取直航道，引黃

河水通淮河；永濟渠，北起涿郡（今北京西南），南通黃河；江南河，自京口（今江蘇鎮江）至餘杭（今浙江杭州）。

北宋漕糧分四路向京都（開封）集運，其中來自東南六路的淮汴之粟佔主要地位。北宋對運河進行了一系列整治，且漕線較隋唐縮短近半，因此運輸能力大增。南宋漕運體系以臨安（今浙江杭州）為中心作了重大調整。

元代，汴渠也因北宋末年戰亂及黃河「奪淮入海」而失效，漕運格局為之大變。至元十八年（1281年）修鑿濟州河，南來運舟由徐州經濟州河入大清河，經海河直沽（今屬天津），再經水陸聯運至大都。至元二十六年（1289年）和至元二十八年（1291年）會通河（須城安山至臨清）與通惠河（通州至大都）鑿成，元代大運河南北取直，全線溝通，內河漕運自此進入一個新階段。

明初建都南京後，曾多次浚治、開鑿水路，從而形成了浙西、皖南至應天（今屬南京）的水運大通道，改善了漕運條件。首都北遷後，漕運方式有所變化，隨著永樂十三年（1415年）大運河會通段的重新貫通，漕運的重點轉向河運。

清代開鑿中運河，徹底結束借黃河行運時代，並建成黃、淮、運交匯樞紐，通過緩和河面比降，減輕濁流灌運，改善了漕運條件。

七

依河而居

〜〜〜〜〜〜〜〜〜〜〜〜〜〜〜〜〜〜〜〜〜

大運河是活態的、流動著的文化遺產，有血、有肉、有靈魂，更有歷史淵源。大運河是我國古代文明的重要載體，千年流淌著的河水滋養著沿岸光輝燦爛的傳統文化，兩岸生活著的民眾演繹著豐富多彩的地域文化。河道、水系、航運、碼頭、船閘、歷史城鎮、街坊社區，大運河以線狀或網狀格局串聯起極為豐富的文化遺產族群。

與大運河相關的許多運河城市、歷史街區都在演繹著不同版本的運河故事。每一處歷史街區傳承至今都必然經歷複雜的演變過程。運河沿岸人民依河而居，在大運河上展開他們的生產生活，成為千百年來運河兩岸最鮮活的篇章。

〜〜〜〜〜〜〜〜〜〜〜〜〜〜〜〜〜〜〜〜〜

北京：胡同與運河

　　元代開鑿通惠河與大運河接通，以利漕糧貨物運輸，使南方貨船直接到達積水潭碼頭（今什刹海地區），大米、茶葉等各種商品由此可以源源不斷地供應大都市場。積水潭碼頭呈現出「舳艫蔽天」盛況的同時，也在與具有「前朝後市」的特殊職能的鼓樓前商業區之間，形成了一條便捷的商業通道，也就是現在的煙袋斜街。所以說要是從 13 世紀算起，煙袋斜街有 800 多年的歷史了。這條古街東起鼓樓前的地安門外大街、西至小石碑胡同與鴉兒胡同相連處，全長 232 米。明代初年稱「打漁廳斜街」，到清乾隆年間（1736–1796 年）稱為「鼓樓斜街」，清末道光、咸豐前後才改稱「煙袋斜街」。

　　明初遷都北京，明成祖為了鞏固政權，保持穩定，遷來大批南方商買富戶。由於積水潭一帶風景幽靜，達官貴人紛紛在沿岸修建別墅，煙袋斜街也因此維持了昔日的繁榮，還出現了一些為宴飲遊樂服務的店舖。

　　清代什刹海地區更成為王公貴族、達官顯貴的雲集之處，會賢樓、望湖樓、慶雲樓等著名酒樓應運而生，特別是夏季的荷花

市場更是車水馬龍、喧囂異常。此時，煙袋斜街裏出現了多家飯莊、酒樓、煙舖、茶館、浴池等，還有以經營煙具為主的「同台盛」和「雙盛泰」等店舖。

煙袋斜街的平民化是在辛亥革命清帝遜位之後，居住在什剎海附近的王公貴族、八旗子弟失去俸祿，於是紛紛開始變賣古玩字畫，使煙袋斜街重新定位。經營古玩的寶文齋、敏文齋、繡古齋、抱璞山房等紛紛落戶於此，形成煙袋斜街特有的民俗類文化景觀。煙袋斜街可謂見證了什剎海地區數百年的興衰歷史。

煙袋斜街是大運河在北京留下的最為典型的歷史記憶之一。我們說，紫禁城是從大運河上漂來的，某種意義上，整個北京城都是從大運河上漂來的。忽必烈定都大都（今北京）時，北京還是幽燕苦寒之地。規劃中的京杭大運河，讓忽必烈有了在這裏建設大都市的信心。北京城橫平豎直，路網十分有規律，除了在運河沿線上形成像煙袋斜街這樣的街道，其他街道幾乎都是正南正北。北京民居有兩大特色，一是胡同，二是四合院。「胡同」是蒙古語裏「水井」的意思，人們生活的地方要有水源，這是基本問題。

從平面佈局上看，元大都城很是規整，方嚴整齊：除了西南角上凸出的寺廟外，整體上呈長方形。城牆上設有 11 座城門，包括北部兩座，其餘三個方向各三座。無論是東西向還是南北向的大路，均能貫通每座大門。大路與相對較窄的街道交叉，形成了 54 個四面環繞的區域——坊，而其中又進一步等分為各種居住區域等。居民區和街道之間的通道就是胡同。從這個意義上說，「胡同」是來源於大都的城市規劃，而大都的城市規劃，與當時即將通航的大運河息息相關。所以沒有運河也就沒有北京城。

我雖然沒在煙袋斜街這樣因大運河而形成的胡同中居住生活過，但我對北京的胡同、四合院有著深厚的感情。在北京生長的人，過去幾乎都與胡同、四合院有著親密的關聯。我出生在瀋陽，但是出生僅 3 個月以後，就隨著父親的工作調動，被母親抱著來到了北京，一住就是 60 多年。

在記憶中，我們一家前後居住過 4 處北京四合院。第一處是崇文區的東四塊玉，第二處是西城區的大門巷，第三處是東城區的美術館後街，第四處是西城區的雲梯胡同。毫無疑問，我是在四合院裏學會了說第一句話，我也是在四合院裏學會了走第一步路。我想這可能就是為什麼我講話時經常會帶一些北京「土語」，這也可能就是我為什麼穿了 30 多年北京「懶漢」布鞋的原因。

我在第一處四合院裏居住了 6 年。1954 年全家初到北京時，住在南城東四塊玉的四合院民居裏，這裏屬於一座大雜院。在第二處四合院裏居住的時間最短。1969 年我隨父母去湖北沙洋財政部「五七幹校」勞動，作為在城市裏長大的少年，第一次體會到勞動的艱辛。1970 年年底，我獨自先期回京參加初中畢業分配，成為一名學徒工人，寄居在姐姐家。大門巷胡同就在西長安街的北側，是一處新翻建的獨門獨院，與姐姐一家，姐夫的父母、弟弟妹妹一家十幾口住在一起，從早到晚，熱熱鬧鬧，其樂融融。在這裏我感受到四合院氛圍中最寶貴的家庭親情。

我在第三處四合院裏居住的時間最長。1972 年母親也從「五七幹校」回京，單位分配了位於美術館後街的住房。這是一組典型的傳統四合院，分為前院、中院和後院。在這裏居住期間，經歷了一些令人難忘的事情，例如 1976 年 7 月 28 日凌

晨，唐山發生了 7.8 級地震，北京地區有強烈的震感。我家居住的房屋後牆被震垮，垮塌下來的磚瓦封堵了鄰院的巷道。為防餘震，全院在院前的城市道路上居住了一段時間，我也在這時學會了搭建防震棚。

我在第四處四合院居住的時間不長。這是一座小型四合院，北臨辟才胡同，鬧中取靜。院中有兩棵果樹，一棵是柿子樹，另一棵是棗樹，使小院的環境充滿生機。那時我們的孩子剛剛一歲多，開始學習說話、走路，四合院的環境無疑非常適宜和安全。

我在北京城裏居住了這麼多年，體驗了在不同地點、不同規模、不同鄰里的四合院居住以後，再回過頭來思考四合院生活的體驗，最深刻的不是物質的存在，而是文化方面的感受。四合院的情結，是對父母、親人、朋友的思念，是對那個成長空間的眷念。忘不了四合院裏街坊海闊天空地神聊，忘不了四合院裏小夥伴的嬉戲打鬧，忘不了四合院裏醉人的鳥語花香，忘不了胡同裏走街串巷小販的叫賣聲。這份情懷，只有久居胡同、四合院才能獲得。這些年，北京胡同、四合院有了很大的變化，記憶中的許多地方都已經成為永不回來的風景。

從童年到青年，在四合院裏前後四個時期的居住經歷，使我和北京胡同、四合院有了特殊的感情，也一直影響著我的專業走向。在日本留學期間，我選擇了傳統歷史街區保護的研究內容，通過大量考察日本各地傳統民居和歷史街區，撰寫了畢業論文《關於歷史街區保護和利用的研究》。

在北京市規劃委員會工作期間，我主持制訂了《北京舊城25 片歷史文化保護區保護規劃》，並經北京市政府批准實施。2008 年在全國政協十一屆一次會議上，我提交了《關於北京舊

城胡同——四合院整體申報世界遺產的提案》，建議對北京舊城胡同、四合院實施整體保護，進一步摸清北京胡同、四合院的保存現狀，加以登記造冊，建立完善的保護管理檔案。

在胡同、四合院的保護整治過程中，積極探索既有利於歷史街區整體保護，又有利於改善居民生活的整治方法。注意保護傳統風貌和街巷肌理，堅持循序漸進、有機更新的方針，採取小規模、微循環、漸進式的方法，防止「大拆大建」的行為，避免「運動式」的改造，有計劃、有步驟地推進胡同、四合院的保護整治工作。同時啟動北京胡同、四合院申報世界文化遺產工作，促進胡同、四合院保護管理水平的提高，也使全世界民眾共享這一燦爛的文化。

記得少年時代，小夥伴一起登上景山，四下望去，成片成片富有質感的四合院灰色坡屋頂和庭院內高大樹木的綠色樹冠，形成一望無際的灰色和綠色海洋，烘托著故宮紅牆黃瓦的古建築群，協調和聯繫著傳統中軸線兩側建築，極為壯觀，這是歷經數百年的發展，最具北京文化特色的城市景觀，也是我心中真正意義的古都北京。

古都北京城的規模遠小於現在的類似大倫敦、大紐約的北京，尤其是人口稠密度和建築密集度，更是差得遠了。紫禁城居於古都北京中心位置，宮城外是皇城，皇城外是內城，這樣構成了三重城圈。皇城四周就是居住區，胡同、街道就是住宅地段的分界線。清代的商品、物品及糧草運輸主要依靠大運河，城東因距離通州的運河碼頭較近，所以各種倉庫大多設在東城。

比如老舍先生居住的羊圈胡同，距離建在積水潭上的德勝橋很近。德勝橋將積水潭一分為二，橋西仍稱積水潭（又稱西

海），橋東稱什剎海。老舍先生在倫敦寫的小說《老張的哲學》中就有這樣一段：「到了德勝橋。西邊一灣綠水，緩緩的從淨業湖向東流來，兩岸青石上幾個赤足的小孩子，低著頭，持著長細的竹竿釣那水裏的小麥穗魚。橋東一片荷塘，岸際圍著青青的蘆葦，幾隻白鷺，靜靜的立在綠荷叢中，幽美而殘忍的，等候著劫奪來往的小魚，北岸上一片綠瓦高閣……一陣陣的南風，吹著岸上的垂楊，池中的綠蓋，搖成一片無可分析的綠浪，香柔柔的震蕩著詩意……」由此可見，直到民國初年，大運河還與北京人的生活密切相關，觸手可及。

在我居住的四合院裏，北京人民藝術劇院拍攝了 8 集電視連續劇《吉祥胡同甲五號》，據說這是第一部反映北京四合院生活題材的電視連續劇。吉祥胡同正是古運河河畔的胡同。前些年修建平安大街時，曾在吉祥胡同挖出了東不壓橋（原名為「東步量橋」）的橋墩。東不壓橋建於明永樂十八年（1420 年），於民國初年拆除。東不壓橋是什剎海水從後門橋下進入皇城的通道，是御河的上端。

由大運河我想到了北京中軸線乃至北京城的文化遺產保護工作。

北京中軸線上不僅包括故宮、天壇和大運河三項世界文化遺產，還包括 72 處國家級文物保護單位和 26 片歷史文化街區。因此，北京中軸線保護是一項長期性的系統任務，需要一代代人的不懈努力。

北京現在有故宮、天壇和大運河三處世界文化遺產，它們之間並非孤立，保護北京城的文化遺產也應該有統籌的思維。2011 年 3 月，在全國政協十一屆四次會議上，我提交了《關於

推動北京傳統中軸線申報世界文化遺產的提案》，建議將中軸線兩側的歷史河湖水系、棋盤式道路網骨架和街巷肌理、傳統四合院民居建築群，以及中軸線兩側平緩開闊的空間格局、城市天際線和重要的街道對景、傳統建築色彩和形態特徵等，均納入北京中軸線的保護內容。也就是說，不僅要保護好中軸線的道路骨架，還要保護好兩側的街巷胡同肌理；不僅要保護好宮殿建築、紀念性建築，還要保護好四合院民居建築群；不僅要保護好景山、鐘鼓樓等制高點，還要保護好相互之間的通視走廊和天際線；不僅要保護好城市文化景觀，還要保護好自然生態景觀。

在談到大運河時，我願意再重申這個觀點。

沿河漂來竹竿巷

　　竹子是中國南方的特產，黃河以北就不太常見。即便有的話，也僅限於某些庭院、園林裏栽種的觀賞型竹子，或是耐寒性強的細竹，那種高大粗壯的毛竹在北方很罕見。竹編手藝及貿易自古在南方已很常見。在京杭大運河的南端——杭州，就有一條竹竿巷。但是直到今天，山東的許多城市還都有竹編手藝人，在濟寧、臨清、德州等城市裏甚至都有竹竿巷——這是運河時代留下的遺產。雖然這裏的運河已經斷流，但竹竿巷還在，竹編手藝人也沒有完全消失。

　　竹子是一種輕型材料，方便運輸，用途也很多，尤其是在材料科學沒有得到發展的古代，就更顯得重要。竹子作為中國人特別喜歡的材料，大的毛竹可以做筏子，甚至可以當建築材料，像南方的許多村寨，房屋都是用竹子搭設的。最細小的斑竹，可以製成筆桿，是文房用具。竹子製品用途廣，加工的時候不需要太多的生產資料，臨清民諺稱「一把篾刀一弓鋸，兩把竹篾做生意」，在生產力不發達的古代中國，竹子是養活了許多手藝人的一種植物。明清兩代，為了體恤漕運官兵，允許漕船在運載糧

食時搭載一定數量的私貨沿途販賣。這應該也是一件心照不宣的事，搭載的貨物既不能太重也不能太貴重，而且漕軍也不是什麼有錢人，於是江南盛產的竹木就成為搭載的貨物首選。山東運河沿岸的漕運碼頭，流動人口多，對竹製容器的需求量很大，漕船搭載來的竹木為山東運河沿岸的各城鎮提供了充足的竹器加工原料。各種竹編手藝也逐漸被帶動起來，成為當地百姓的謀生技能。後來隨著竹器加工業日趨興旺，從業人員不斷增多，竹器經營戶就集中形成了專門的街巷——竹竿巷。竹竿巷因竹器產業聞名於世。

濟寧的竹竿巷起源於元代，繁盛於明清，延續至今已有 700 多年的歷史。現位於濟寧市老運河南岸的竹竿巷，全長 684 米，是順應運河自然形成的，因而呈曲尺狀。據當地史料記載，這裏在光緒年間（1875-1908 年）就有較大竹器店舖、作坊 37 家，民國年間有 153 家，中華人民共和國成立後有 170 家。

濟寧的竹竿巷是當地運河文化的中心區域，這裏不僅工商業發達，建築也是典型的江北水城風格。紙店街、漢石橋街和紙坊街首尾相接，店舖鱗次櫛比。與一般北方城市正南正北的建築格局不同，濟寧竹竿巷一帶的房屋是順河而築，街道也是隨著運河的河道而蜿蜒。河與街巷之間，有諸多與之垂直的小巷，如清寧巷、永豐巷、繩巷、清平巷等，全部通到運河岸邊的碼頭。這裏的商舖建築形式為前店後坊，面街的一面是全敞開式的板搭門面，並且沒有隔扇，商舖後面就是運河，漕船帶來的竹料可以很方便地在後院卸下來，而剖開的竹片，在編織的時候需要用水浸泡，這道工序也是在運河水裏完成。這種店舖門窗、屋簷多用竹木搭製，這也就使得整體的風格極像江南城鎮。在運河航運繁忙

的時候，漕船、鮮船、快船、馬船、供船、巡船、鹽巡船和民間商貨船在這裏穿梭往來，北方的皮毛、藥材，南方的絲、竹、茶葉、陶瓷沿運河而至，十分熱鬧。當年濟寧城內先後有 9 個省的商戶建立了 7 處會館，均在竹竿巷周圍。

與此非常相似，臨清市也有一個竹竿巷。它是一條東西走向的小街，規模較濟寧的竹竿巷要小，長僅 300 餘米。它西達衛運河，與廣濟橋碼頭（又稱浮橋口碼頭）相連。這條小街的歷史悠久，在元代時，名為「果子巷」，明永樂後隨著運河沿線竹編生意的繁榮，臨清也興起了竹編生意，手工藝人聚集於此，漸漸形成了竹竿巷的格局。清末竹竿巷有竹器作坊 60 餘家。據民國《臨清縣志》載，此處「生產加工籃、簍、筐、簾、風門、篩、竹耙、缸帽等產品百餘種，暢銷周圍各縣」。

臨清的竹活匠人也同木匠一樣，分方活和圓活匠人。方活匠人加工較大的家居用具，比如桌子、竹椅之類。圓活匠人加工小件和工藝品，比如竹製的鳥籠子、竹枕頭、竹籃子等。

緊臨南運河的德州市，也有竹竿巷，且分為大竹竿巷、小竹竿巷兩條，兩條街巷的店舖風格與前述濟寧、臨清的竹竿巷相類似，也具有江南風韻。

在運河沿岸的聊城等地，也同樣有竹竿巷，這些匯聚竹編手藝人的街巷，有的還存有當年的痕跡，有的已經面目全非，只能在仔細辨認後，才能找到一些往日的影子。

有意思的是，即便是到了今天，大運河在北方已經斷流多年的情況下，濟寧等地的竹編生意依然存在，許多當地人還習慣使用竹編的器具，運河上已經不再漂來江南的竹子，但因為有市場需要，那些江南的竹子，仍然會通過鐵路、陸路運輸源源不斷地

送到北方。

　　沿大運河生活著世世代代以水為生的人，他們因大運河而生，他們的居所因大運河而建，他們的城市因大運河而繁榮。如今，他們在大運河沿線遺留下豐富的文化遺產，竹竿巷就是典型的例子。假如沒有大運河，一個北方的小城不可能產生如此眾多的竹編手藝人，更不可能有什麼竹竿巷。與此相類似的，還有許多鄉土建築遺產和工商業遺產，無不反映了大運河與沿河而居的普通民眾生產生活的密切關係。

滄州：「鏢不喊滄」

　　大運河從山東德州繼續北上，就到了河北滄州。運河在滄州經吳橋、東光、南皮、泊頭、滄州市區、滄縣、青縣七個市縣，出青縣李又屯村進天津界。

　　現在一說起滄州，人們就會想起武師、鏢師這樣的字眼，另外，吳橋的雜技也十分有名，是世界級的。不管是鏢師還是雜技，都是大運河賦予滄州的。依河而居的滄州人，為何會對武術和雜技如此青睞呢？

　　如果不特別提出，很多人或許意識不到滄州的大運河河道是全部運河城市中最長的。從高空可以特別明顯地觀察到這個特徵——滄州的運河處處都是彎，這些彎正是古人在開鑿南運河時為解決河水落差而設置的。如果落差太大、水流太急，航運就會增加風險，為了降低風險，辦法之一就是利用船閘。但如果船閘太多，會造成工程成本增高，維護難度加大，於是古人同時採用造彎道的辦法。俗話說「三彎抵一閘」，彎道使得水流速度減緩，降低了往來行船在此複雜地段中的風險，也使得航線因此而被人為延長，所以這一帶的大小碼頭和存放貨物的倉庫格外多。

碼頭多、倉庫多，就需要有人守衛，滄州人本來就尚武，鏢行也就自然而然地發展起來。

滄州自古就有尚武的民風，在明清兩代也格外繁榮，民間傳播著八極、劈掛、燕青、六合、螳螂等 50 多個拳種。民國年間，曾有 52 位滄州拳師在原南京中央國術館任教。因為滄州武師武藝高強，在全國同業中穩居前列，所以贏得了「鏢不喊滄」的名聲。

古代鏢局萌芽於明代，興盛於清代，民國期間衰落。如果從物流角度看的話，清代鏢局的組織化程度還是比較高的，有自己的行業規則。比如，鏢局僱請武術高手為鏢師，於鏢車或馱轎上插上一小旗，上書自己姓名，在押送銀兩時除了亮出鏢旗外，還亮出委託走鏢的官府如府、道、署等衙門的旗幟。同時趟子手還要在途中喊號子，或喊出本鏢局名號以示鄭重和威風。喊鏢號是一種帶有震懾性質的行為，原也是鏢局常用的壯大聲勢的手段，但如果有輩分、威信都更高的同行在的話，一般就要收斂一些。滄州大概是因名鏢師太多，所以各地的大小鏢局為表示對滄州武鄉的尊重，在走鏢過滄州時不再亮鏢，既不扯旗也不呼喊，悄悄經過，否則會被視為挑戰，自有當地高手上門應戰。

鏢局、鏢師，都是建立在運河航運繁榮的基礎上的，所以滄州的這一特點，也是大運河造就的。時至今日，滄州段的大運河早已沒有了往日的繁華，但尚武、講義氣的性格特點已經牢牢地鑲嵌在滄州人的內心深處。

吳橋雜技是滄州的另一張名片，吳橋雜技在世界上得過許多獎，這個雜技的發展與運河有著千絲萬縷的關聯。明清時期吳橋水災頻繁，土地瘠薄，天災人禍不斷，民眾在不能靠土地養活自

己的情況下，就只好浪跡江湖，賣藝為生。好在漕運帶來人流和商機，給吳橋藝人提供展示的場所，吳橋逐漸發展成世界聞名的雜技之鄉。

滄州的運河遺存是非常豐富的，自隋唐以來，滄州段古運河的走向沒有經過大的改動，河堤、河道大都保存完好。河道內能夠發現大量唐宋以來的沉船、器物、城磚等。曾經依河而居的滄州人，依託大運河，締造出具有特色的滄州城市文化。1989 年滄州舉辦了第一屆「滄州武術節」，1992 年 12 月，滄州市作為首批也是唯一一個地級市被國家體委命名為全國「武術之鄉」。在雜技方面，現在吳橋有國辦和民間雜技團體幾十個，雜技藝人數千人，足跡遍及全國和世界 50 多個國家、地區。中國吳橋國際雜技藝術節已成為國際重要雜技賽事。「吳橋雜技大世界」也被原國家旅遊局列為具有民俗特色的 4A 級雜技文化旅遊景區。

對於濟寧以北的運河城市來說，大運河的繁榮時代已經成為過去，但是如果走進這些城市的日常生活，我們會發現，運河時代帶來的生活方式會以各種各樣的方式留存在當地。不盛產竹子的地區，人們已經習慣了使用竹器，雖然運河上不再漂來長長的毛竹，但是只要有需求，現代物流就會以現代的方式給予滿足。滄州的蜿蜒河道上，不再有大大小小的碼頭，鏢局與鏢師也已經是過去式，但是武術之鄉不會在一夜之間消失。這就是文化遺產的魅力。

運河上的美食

　　民以食為天，大運河造就了兩岸熱鬧的運河城市，也就使這些城市有了自己的美味。通過流淌的運河，這些美味得以四處傳揚，成為名滿天下的佳餚。

　　這裏最有代表性的當然是淮揚菜。

　　淮揚菜與魯菜、川菜、粵菜並稱為中國四大菜系。淮揚地區是從隋代開始就因運河而繁盛的地區，所以淮揚菜系與大運河的關聯也就最多。

　　淮揚菜起源很早，但真正形成菜系是明清時期的事。淮安與揚州都是運河上的中心城市，淮安是漕運的中心，揚州是鹽運的中心，兩地在運河時代均十分繁榮。尤其是揚州，前面我們講過，鹽商財力雄厚還特別講究享樂，所以對美食的要求也就很高，這在客觀上促進了淮揚菜的發展。

　　淮揚菜以淡水魚鮮為最大特色，口味清鮮平和，南北皆宜。因為淮揚地區水系豐富，物產豐饒，對於食材也就特別注重鮮、活、嫩。同時，因此地的文化積澱厚重，人們講究美觀，所以對刀工也特別注重。著名菜餚有清燉蟹粉獅子頭、軟兜長魚、淮安

茶餚、大煮干絲、三套鴨、水晶肴肉等。清代康熙（1662–1722年）、乾隆（1736–1796年）年間，淮揚菜的名氣達到巔峰，到乾隆年間，淮揚菜系已經成為全國四大菜系之一。淮揚菜講究追求食物的本味，不時不食，有所謂「醉蟹不看燈，風雞不過燈，刀魚不過清明，鰣魚不過端午」之類的講究。「燈」是指正月十五，這句話的意思是醉蟹與風雞的食材都要選正月十五之前的。中國文人飲食中的許多講究都可以在淮揚菜中看到，這也從側面反映淮揚地區對中國文化的影響。

淮揚菜在上海、南京和北京的餐飲市場均佔有一定的份額，並有相當多的消費群體。這些城市有許多以經營淮揚菜為主的飯店。1949年10月1日晚，中華人民共和國開國大典之後，在北京飯店舉行的盛大國宴被稱為「開國第一宴」。本場宴會的菜點烹調即由北京飯店淮揚菜廚房一力承擔完成。

淮揚菜是一個大的菜系，它的發展是與運河都市的繁榮息息相關的。其實大運河上的美食比比皆是，且時常可以顯露出運河時代的痕跡。

比如一種在魯南、蘇北運河沿岸非常受歡迎的小吃——石頭大餅。這種大餅用麵粉加上適當比例的黃豆粉和小米粉，裹上蛋液，撒上瓜子仁和芝麻，攤成餅，然後在燒熱的鵝卵石上烙熟。因為餅是在石頭上烙的，所以稱為石頭大餅，又因為這種餅在運河上的跑船人那裏特別受歡迎，且又循著運河一路流傳到南方，所以又有人將其命名為「運河石頭大餅」。運河石頭大餅現在已經成了山東台兒莊的一道名吃，許多到此旅遊的人都會去嘗一嘗。按照現在的說法，其實這也是將文創與美食結合的一種做法，是運河文化給了這種尋常小吃特別的身份，令它有了可以變

身「網紅小吃」的特質。

類似的美食有很多。一旦運河沿線的某個城市有了口味較佳的美食，就會因運河的便利而迅速傳遍全國，成為全國聞名的名吃。比如德州扒雞就是隨著漕運的繁忙而傳遍全國，成為名吃的。

關於德州扒雞的來歷，許多人都大致了解：有一位燒雞店老闆賈建才，他的夥計因睡著沒有及時關火，而把燒雞燉爛了，哪知歪打正著，這種雞反而特別受歡迎，於是扒雞就產生了。元末明初，大運河取道德州，這裏迅速繁榮起來，挎籃叫賣燒雞的小夥計，經常出現在運河碼頭、水旱驛站。這位賈老闆的燒雞店就開在運河碼頭旁邊。清康熙三十一年（1692 年），賈老闆無意間「研製」成功特製燒雞，即大火煮，再小火燜，直到骨肉酥軟為止。賈老闆委託自己的一位姓馬的秀才朋友命名，這位馬秀才腦洞大開，起了一個「五香脫骨扒雞」之名，從此德州扒雞開始大受歡迎。到了民國，雖然運河已經不再像以前那麼繁盛，但津浦鐵路和石德鐵路正好在德州交匯，這又給了德州扒雞新的興盛機會。

由此可見，交通要道歷來是美食走紅的一大要素。在運河時代有許許多多的美食故事，相信有心的朋友會比我更了解。

追溯城市記憶，防止「千城一面」

　　在差不多 20 年的時間裏，我經常在各種各樣的場合呼籲保護大運河。中國大運河申遺成功後，我也沒有停止這種努力。我是一個老文物工作者，但同時我也曾參與過一些城市的規劃工作，對於現代城市的規劃，我始終給予很大的關注，並且經常十分憂慮。我最憂慮的，就是四個字——千城一面。

　　我們在這一章講「依河而居」，講運河城市的歷史，回憶那些因為一條河流而帶給我們的溫暖回憶。我想，我們講運河城市的歷史和故事，也是為了找到每一座城市的靈魂，只有找到了城市的靈魂，才有可能防止泯滅個性，千城一面。

　　對於眾多的運河城市來說，大運河的過往，大運河的現在，都是城市靈魂所繫。

　　在全球化和城市化的今天，城市能不能保持獨具的城市文化特色，發揚城市優秀文化傳統，實現城市新的文化理想，這是一個艱難的行程，也是一片廣闊的天地。中國是世界上擁有歷史性城市最多的國家。在長期的文化遺產保護和城市文化建設實踐中，創造了「歷史文化名城」這一具有中國特色的保護制度。以

國家名義核定公佈的歷史文化名城已經超過 100 座，在國家經濟、政治、文化和社會生活中產生著日益廣泛的影響。每一座歷史文化名城都積澱著昨天的文化底蘊，實現著今天的文化理想，迎接著明天的文化輝煌。歷史文化名城更加受到經濟、政治、文化、社會、環境發展及轉型的綜合影響與相互作用。

擁有文化內涵及歷史視野的城市決策者，都應該懂得珍惜每一處具有人文價值的歷史城區、傳統建築以及文化街區。人們通常以現代化發展、生活方便和改變歷史城區「落後現狀」等理由來為破壞辯解。但是，不能打著「現代化改造」的旗號，以毀滅珍貴的歷史文化遺存和景觀為代價，來換取現實的經濟利益。我們不能忽視，那些飽含滄桑的古城的每一處角落，正是城市獨具特色的文化財富。

今天，幾乎任何城市的建設都不可能從「白紙」上開始，而是在城市中建設城市，用文脈延續的手法融合各類已有的城市空間，使新舊城區共同組成和諧的整體。融合的過程就是有序演進的過程，這個過程來自於對於城市發展動態、生長和變化特性的認識。新老城區之間雖然有明顯的時間梯度印痕，但是只要建築尺度和城市設計層面上的街廓單元控制得好，就能夠給人們呈現出豐富多樣、統一而有變化、有序而多元的整體感，就能把握好尺度均衡和創新性的關係。歷史城市的發展強調的正是這種城市空間的連接和融合，表現在歷史與未來、城市空間與自然環境、人與建築以及建築與建築的對話上，通過對話、融合創造出宜居的城市文化空間。

「城市復興」是面對挑戰及時抓住機遇的一種積極回應，是召喚出一種巨大的創造力，滿足藝術、科學、教育、環境、經

濟、技術、文明建設和社會發展等各領域的需要，並從各個不同的方面，全方位改善人們的生活，給世界帶來滿園春色。這樣的城市復興擁有巨大的潛力，能夠以和平的方式來改變人類的生存狀況和世界體系，它的主要做法便是把人類從一個以物質主義和市場為主導思想的時代解放出來，邁進一個以人、人類幸福以及環境福利為主導思想的時代。在文化遺產保護和城市文化延續的前提下重新審視城市的功能，雖然可能延緩城市發展中某些短期行為，但是獲得的卻是城市的恆久價值。

近些年來，我國城市化進程明顯加快。作為現代化程度衡量指標之一，城市化無可厚非。只是，當前許多「激情」發展中的城市，包括眾多具有悠久文化傳統的歷史性城市，正處於整齊劃一的無設計狀態中，漸漸失去了與其他城市的區別。「千城一面」會使城市失去其固有的文化特徵，也失去城市的「根」與「魂」。

人們可以看到，不少城市的規劃設計漸趨相同面貌，追求大規模建築群和大體量建築物，舊城開發造成建設性破壞，建築設計缺少文化內涵，設計的民族傳統、地方特色不斷失落，日益加劇的「商業化」、「人工化」和「城鎮化」嚴重影響了「文化城市」重要載體——文化遺產的生存環境。

如果我們不是將「功能城市」與「文化城市」相對立，如果我們在歷史性城市的規劃設計中充分考慮到城市的文化特點，將文化遺產和城市特色作為城市形象的基礎，歷史文化遺產就不會被視為城市發展的包袱，而是城市中無可替代的重要財富，是城市可持續發展的資本和動力。

讀者朋友想必已經注意到，大運河的保護連接著沿線眾多城市的社會經濟發展，維繫著沿岸千百萬民眾的記憶與情感。因

此，大運河的保護要有利於提升沿岸城市的文化品位、維護沿岸城市的歷史風貌、改變「千城一面」的城市面孔、保持生機勃勃的地方特色，要使沿岸民眾在保護工作中真正受益，這樣才能使大運河的保護工作得到民眾的衷心擁護和持續支持。

大運河保護猶如萬里長征，我們只是邁出了第一步，今後的工作不僅任重道遠，而且困難重重，為了實現這一偉大奮鬥目標，我們尚須付出極大的努力。

多年來，我國各地政府抓經濟、促生產，齊心協力奔小康，多以經濟指標為導向而忽視了「軟實力」的增長與促進。尤其是在城市化進程中，過於強調城市景觀的現代化與壯觀恢宏，而對民眾最基本的需求和人文關懷有所忽視。一些城市追求建成「現代化大都市」，伴隨著高樓大廈、車水馬龍的卻是人口密度迅速增加，基礎設施嚴重滯後，城市超負荷運轉。更有甚者，一些城市拋棄了當地原有的文化傳統和建築風格，「改造」、「升級」或者拆遷、摧毀、驅逐了「老土」過時的物質和非物質文化遺產，地域特徵、民族特質、文化特色減弱乃至消失；與此同時，即使是鋼筋混凝土的新面貌，也因其一擁而上、未及深入探索而未形成自我面貌和特質。這就像壽陵餘子學行於邯鄲那樣，「未得國能，又失其故行矣」。

更有甚者，國外的許多著名設計公司似乎也在迎合這種浮躁心態。有專家介紹說，全球最大的 200 家國際設計公司中，近 70% 在我國有業務活動，甚至建立了分支機構。無論是「高大上」還是「新奇特」，無論是「土豪金」還是「科技銀」，無論是「復古派」還是「火柴盒」，只要地方政府或開發商提出需求，他們都能根據設計費高低和客戶的傾向予以滿足，讓很多不合理的

想法有了實現的可能。

在這種情況下，一些刻意追求新奇獨特、造型奇異的規劃設計方案，與急功近利、急於推陳出新和追求政績的城市管理作風相結合，催生出了一批所謂地標建築。這些建築在外觀上迥異於當地的傳統文化、地域文化和民族文化，不講究文化品位，就那麼突兀地拔地而起，很「辣眼睛」。尤其是一些建築造型過於獨特，違背科學的力學原則，使得建築工程的承重結構在受力、構造上不合理，不僅浪費大量的鋼材、水泥和資金，在施工中也增大了困難，給結構安全和工程質量帶來隱患。

王夢恕院士曾說：「一些本來很簡單的設計，卻要搞得非常複雜，彷彿不這樣就無法顯示出自己的水平本領來，這其實是一種病態的設計理念。」張錦秋院士對我國建築設計領域的問題也深有體會，她認為：「現在許多有爭議的建築設計，雖然是由建築師繪製，但其設計要求卻來自領導思想、長官意志，什麼『新、奇、特』，什麼『一百年不落後』，這些提法大都出自各級領導之口。」

城市是文明的標誌，文化是城市的靈魂，必須強調文化在城市建設中的核心地位。當前，一些城市到處是繁忙的建設景象，整個城市就像一個大工地，無節制地快速蔓延，破壞了城市中原有的公眾生活空間，在有意無意間失去了城市原有的個性，陷入盲目模仿的泥潭。一個真正充滿活力的城市、應該給予人們鮮活的城市印象和記憶。

大運河作為人類遺產，不僅是規模龐大的航運工程體系，同時又是規模巨大的文化遺產廊道。作為仍在沿用的大型古代水運和水利工程，沿岸有很多重要的文化景觀遺產。人們在長期的

歷史發展過程中，倚靠運河，根據不同的自然生態條件，不斷延續、創造和發展著不同的文化景觀。這些文化景觀突破了以往文化遺產的範疇，以更具生機的要素結合和更為複雜的文化內涵，在更大尺度的自然地理環境背景中進行拓展和延伸。

作為活態遺產，變遷是大運河及運河沿線城市發展中與生俱來的性格。在城市化快速發展的大背景下，如何控制變遷、強調延續、傳承文脈、維繫生態將是運河城市需要不斷深化思考的課題。我們希望看到運河城市能夠在大運河文化遺產保護的同時，將城市的發展納入一個與歷史聯繫、與文化聯繫、有血有肉有生命的動態系統中。

大運河作為獨特文化遺產，見證了諸多運河城市的生命歷程，這些歷程是運河城市最為寶貴、最為獨特的文化優勢。我們迫切呼喚運河城市能夠合理保護運河並利用大運河追溯城市記憶，豐富城市生活內涵，順應城市肌理，讓運河名城的古今設計根冠相連。我們期待人類的文化智慧為運河城市注入新鮮的血液，期待現代化城市讓古老的運河煥發蓬勃生機！

北京烤鴨與運河

　　北京烤鴨是中國北京傳統名菜。以北京填鴨為主料，烤製而成。

　　北京烤鴨的特色是色澤紅潤，皮脆肉嫩，腴美醇香。北京烤鴨有多種吃法，通常是將烤熟的鴨子，趁熱片成片，蘸甜麵醬，加蔥白、黃瓜條，用特製的荷葉餅捲著吃；也可將醬油和蒜泥拌勻，同烤鴨肉一起用餅捲著吃；喜食甜的，可以蘸白糖吃；用空心芝麻燒餅夾烤鴨肉吃，味道也極佳。片淨肉的鴨骨架還可以加白菜、冬瓜熬湯，別有風味。

　　北京烤鴨已有約300年的歷史，而烤鴨的歷史則更為悠久。從宋代到元代的古籍中，都有關於炙鴨、燒鴨（均為烤鴨）的文字記載；到了明代，烤鴨成為宮廷美味。不過那時的烤鴨是用黑色羽毛、體形瘦小的南京湖鴨烤成，稱為金陵片皮烤鴨。北京烤鴨的產生，是同北京填鴨的養殖成功分不開的。自從明成祖於15世紀初由南京遷都北京後，每年從運河船運大量江南糧米進京，遺落河內的糧米不計其數。北京運河一帶的鴨子，長期以這些散落的糧食為食，體形、肉質逐漸起了變化，後又經不斷改

良，特別是借鑑南北朝時即有記載的養鴨「填嗉」法，創造了人工填鴨法，經過人工填肥，培育出了毛色潔白、體態豐滿、肉質肥嫩的新品種——北京鴨。用北京填鴨烤出的鴨子，其鮮美程度遠遠超過以往的各種烤鴨，因此被稱為北京烤鴨。到了清代，在北京專門經營烤鴨的飯館已有幾十家，比較著名的有便宜坊、全聚德、六合坊、金華館等，並有燜爐烤、叉燒烤和掛爐烤等不同的烤製方法。

八

精神的航道

大運河是典型的線性文化遺產，從歷史的角度看，大運河在隋代以後的歷代都是國民經濟的命脈，維繫著國家的政治、經濟生活運轉。而到了今天，大運河的文化意義就顯得比其他屬性更為重要。連通南北的大運河，是文化的航道，也是信仰的航道。

水路即戲路

　　2017 年 9 月，故宮的暢音閣戲曲館開館。開館的當晚，出席「太和・世界古代文明保護論壇」的 21 國專家學者和三個國際組織代表、與會嘉賓在暢音閣欣賞京劇、崑曲等國粹演出。媒體報道說，這是暢音閣舞台百年來首次真正「唱大戲」。暢音閣戲曲館位於紫禁城寧壽全宮。這組建築群是乾隆帝為自己退位後養老而改建的，相當於紫禁城的縮小版，分前後兩部分。後部又分三路，暢音閣屬於東路。暢音閣（戲樓）、扮戲樓（後台）和閱是樓（觀眾席）組成了一座完整的「宮廷大戲院」。今天我們看到的暢音閣是嘉慶年間及以後修繕過的形制，是唯一一座清代乾隆時期（1736–1796 年）保存至今的三層大戲台。

　　雖然已有百餘年未進行過戲曲表演，但暢音閣和閱是樓區域一直是具有戲曲元素的，早在 1950 年這裏便舉辦過「清代宮廷戲曲資料展覽」，1983 年開闢了「戲曲資料陳列館」，2004 年舉辦「清宮戲曲展」等。

　　2017 年，我們對戲曲館進行提升改造，著力強調宮廷戲曲的獨特性，彰顯暢音閣建築的「大劇場」特色。通過新的參觀流

線設計，將扮戲樓納入展覽，貫通扮戲樓、暢音閣、閱是樓三個空間，令觀眾一睹劇場全貌。

2018 年，安徽的演出團體來這裏演出，再次引起媒體的關注，有報道戲稱為「徽班再進紫禁城」。雖是戲言，卻也引人遐想。在上篇裏我們談到過，紫禁城是從大運河上漂來的，而從某種意義上說，京劇也是從大運河漂到紫禁城，又從紫禁城紅遍北京城，再沿運河漂向全國的。

中國的戲曲產生於元，繁盛於明清，今天我們戲曲舞台上的許多劇種，都是在明清時期發展起來的。這是因為中國的市民社會是在明清時期才發育成熟。有了城市，才有了聚集的人口，有了聚集的人口，才有了諸多共同的腔調與故事。而中原地區和東南沿海地區是中國率先發展出大中型城市的地理空間，前面我們已經講過，這個區域裏的大中城市大都與大運河有關。古代的戲班要不停地更換城市，才能常演常新，這種巡迴演出的形式，在古代叫作「跑碼頭」。碼頭，多半是指內河的碼頭，也就是多半是指運河碼頭，所以在傳統戲曲界，向來有「水路即戲路」的說法。大運河沿岸的北京、揚州、蘇州、杭州等城市是全國最重要的戲曲活動中心。這些城市，尤其是蘇州和揚州，之所以能成為戲曲活動的中心，某種程度上都得益於大運河。明清兩代的蘇州和揚州是商人、士紳聚集的城市。前面我們講過揚州的鹽商，他們除了有錢之外，還特別有文化追求，普遍喜歡「俳優伎樂，恆歌酣舞」，所以當年的揚州戲院、茶樓、書場都十分普及，南北的戲曲團體在這裏爭相獻藝。

一直到著名的徽班進京發生之前，在運河流域以及傳統仕人、文人中最有影響力的是原產自蘇州的崑曲。清中葉李斗在

《揚州畫舫錄》中將各類劇種分成兩部分，崑曲稱為「雅部」，其他劇種稱為「花部」。花部涵蓋範圍很廣，京腔、秦腔、梆子腔、羅羅腔、二黃調等都屬此類。

以演唱「二黃調」為主的徽班，在揚州鹽商中多受追捧，這是因為鹽商中以徽商為最多，所以徽班也在揚州獲得了許多的演出機會，並且得到了長足的進步。戲劇是一門實踐的藝術，好的劇目都是在千百次地上演、與觀眾互動後，再經過名角加工修改才成為名劇。古今中外，不管是莎士比亞的戲劇還是梅蘭芳的戲劇，都是在不斷演出中提升。徽班在揚州長年演出，事實上已經非常成熟，具備了大戲班的班底，這樣借助進京為乾隆祝壽的機會，徽班得以全新亮相。

一般認為中國京劇的產生即源於所謂「四大徽班」進京，乾隆五十五年（1790 年），乾隆皇帝八十大壽，朝廷命浙江鹽務承辦皇會，閩浙總督伍拉納便派遣「三慶班」進京賀壽。三慶班是揚州的四大徽班之一，此外還有「四喜」、「春台」、「和春」三班。

四大徽班進京的時間並不一樣。藝人從揚州運河乘船北上，運河越往北，河道的情況也越複雜，行程也就越慢，所以徽班在等待過閘的間隙，也恰好一路演出。他們與運河沿岸的許多地方戲曲交流，使本來已經十分成熟的徽班戲變得更加豐富多彩，最終在紫禁城一炮打響。四大徽班先得到了皇帝的認可，又在京城百姓中頻繁演出，並與崑曲、漢劇、亂彈等劇種經過幾十年的融合，最終形成了京劇。一般形容京劇會說它具有「中州韻，湖廣音」，而不管是中州還是湖廣，其實都與安徽的地方戲不是一回事，這不能不說是借助揚州這個運河城市，徽班得以發展壯大，又得益於運河沿岸的演出，最終在大運河的終點北京，塑造出了

真正的「國劇」。

　　進京的只有四大徽班，揚州的其他徽班仍在傳承發展。咸豐年間（1851–1861年）為了躲避戰亂，一些班社向東來到今天江蘇中部的里下河流域演出，因更多地保留了徽戲的表演程式和特色，這些班社被稱為「里下河徽班」。同治年間（1862–1874年），里下河徽班在無錫、蘇州一帶演出，並有藝人開始進軍上海，他們與從北京來的京劇班社共同演出，進一步地融合發展，成就了所謂的南派京劇。南派京劇的代表人物周信芳，便是從淮安南下，到上海灘一舉成名的。京劇在上海流行開來後，京劇班社又繼續沿運河傳播，他們乘舟而行，在河汊交錯的水鄉一路巡迴，人稱「水路戲班」。水路戲班的嗅覺靈敏，善於捕捉新的藝術形式。他們一開始是以演崑曲為主，到了同治、道光（1821–1850年）年間，就以京劇為主了。這一批在大運河上巡迴演出的京劇班社，稱為「杭嘉湖水路京班」。

　　在浙東運河的起點紹興，水路上的戲班已經活躍多年，他們演出的形式是紹興的地方小戲。但到了20世紀20年代，小戲班突然不受歡迎了，原因是京劇開始在江南普及，這種複雜的藝術形式吊高了觀眾的胃口。小戲班開始向京劇學習劇目和表現形式，改良提升後的這種戲被稱為「紹興文戲」。1925年，上海的報紙上首先出現了一個新的劇種名稱——越劇。此後，具有江南特色的越劇蓬勃發展，最終成為第二大劇種。

　　徽班進京只是運河上戲曲文化傳播的一個最著名的例子，實際上，從運河開通的那一天開始，各種各樣的戲曲就在運河上流傳。中國元代最重要的劇作家關漢卿一生創作了60多部戲劇，而關漢卿的創作現場，一半是在京杭大運河北端的大都（北

京），另一半則是在運河南端的杭州。關漢卿在元統一中國後，從運河南下，經揚州停留後，最終抵達杭州。根據關漢卿原著改編的《救風塵》、《拜月亭》等越劇至今仍在杭州一帶長演不衰。

另外一個比較典型的例子是一種名為「柳琴戲」的地方戲曲。柳琴戲在蘇北、魯南、皖北、豫東等地十分流行，當地人稱之為「拉魂腔」。徐州市的劇團去上海演出時，覺得「拉魂腔」這個名字不好聽，就改稱「柳琴戲」。拉魂腔沿著運河流傳，在不同的地區有不同的名字，在安徽泗縣叫泗洲戲，也有的地區叫淮海戲，但戲曲研究者發現，這些劇種本質上相似，都是由「拉魂腔」發展而來的。「拉魂腔」的發展與運河息息相關，清末民初，山東棗莊的「拉魂腔」戲班已經具有一定規模，尤其在台兒莊一帶十分活躍。假如沒有運河帶來的流動人口，一個小鎮肯定養活不了這麼多的戲班。拉魂腔的傳播就更具有運河色彩，安徽的泗陽、靈璧、宿州、蚌埠、滁州等靠近京杭大運河的地區都留下了拉魂腔的足跡，而不靠近運河的地區則較為少見。

在京津冀地區流傳較廣的評劇，也可找到與運河相關的元素。一般認為，評劇起源於唐山的蹦蹦戲。但是研究者發現，評劇還有一個源流，就是誕生在京杭大運河北運河畔京津地區的蓮花落，在戲曲研究者的表述中，這一起源被稱為「西路評劇」。西路評劇約形成於清代光緒初年，當時京津地區北運河畔的農民受到京劇、河北梆子和蓮花落的影響，自發在農閒時組織了唱「蓮花落」的班社以為副業。蓮花落是一種民間說唱形式，主要伴奏樂器是用繩子連在一起的七塊竹板（又稱節子板），分角色坐唱演出。這些小班社在演出中逐漸融各家唱腔和表演形式並有所發展，形成了新的曲藝形式——西路評劇，又稱北京蹦蹦

戲、京東落子。西路評劇帶有濃鬱的北運河鄉土氣息，內容通俗易懂，演唱生動活潑。其唱腔受河北梆子的影響，高亢激昂，與唐山一帶的東路評劇差異很大。西路評劇曾在北京成功演出，興盛一時，但到了 20 世紀 30 年代為東路評劇所取代。

天津：從「方言島」到楊柳青年畫

因為大運河北段的斷流，現在的人們說起大運河，很少會想到天津這座城市。天津有海河，也是我國最重要的港口城市之一，但天津這座城市卻是因大運河而形成。

今天的海河之上，有一個巨型摩天輪，它的名字叫作「天津之眼」。這裏是天津的地標，也是天津起源的地方，在過去的幾百年間，都被當地人稱為「三岔河口」。《天津衛志》載：「三岔河在津城東北，潞、衛二水匯流。潞水清，衛水濁，匯流東注於海。」這裏作為子牙河、南運河、北運河的三河交匯處，在元代後成為南糧北運和水上運輸的集散地，人口聚集，日益繁盛，有「先有三岔河口，後有天津衛」之說，被稱為「天津搖籃」。

忽必烈定都大都後，即開鑿京杭大運河，京杭大運河臨清至三岔河口的大約 400 千米河道，被稱為南運河，三岔河口到通州的 100 多千米被稱為北運河。南北運河貫通後，為滿足京城更多糧食物資的需要，元代也同時開海運，而海運的終點，即是天津。三岔河口，從此成為運河航運及海運的交匯處，人口激增，一座城市就開始顯現了。從這個意義上說，其實天津同樣是一座

運河締造的城市。

許多語言學的研究者曾述及天津的「方言島」，也就是説，我們所熟悉的那種在相聲、小品裏經常聽到的天津話，只是在天津城區一部分區域內的口音，而出了這個區域，北邊的口音像北京話，南邊的口音像唐山話，都與這個區域內的天津話有明顯的差異。研究者進一步調查發現，這個區域內的天津方言，其實是來自安徽南部和江蘇南部一帶。明代在天津築城設衛，駐守在這裏的士兵，多是朱棣從淮南招募，他們在這裏駐紮下來，再與當地語言融合，最終形成了後來的天津話。

天津因運河而繁榮，大運河給天津帶來的除了糧食和鹽，還有文化的交融與繁榮。媽祖崇拜、桃花塢年畫、園林文化，都從南方一路北上，在天津與當地文化融合，形成了楊柳青木版年畫、水西莊等一大批特色文化；另一方面，隨著人流的增加，各式方言雜然相間，天津話開始了融合重鑄的過程，一些詼諧、幽默的平民文化開始出現，這也是天津成為三大相聲發源地的原因。

天津一直是戲曲演出的重要碼頭，如果一部戲、一個戲班能在天津演火了，大概在全國各地都能受到歡迎。天津的觀眾懂戲，也特別挑剔，在天津演出對藝人是一種考驗。要説到曲藝，天津就更是一個「大碼頭」。地處通往北京的咽喉之地，又具有運河航運和海運的雙重使命，歷史上的天津就是一個五方雜處的城市。不斷湧入的外鄉人帶來了各地的娛樂形式，多種聲腔曲種在天津激烈競爭、相互借鑑，最後匯集而成的是天津多元而豐富的市民文化。這是造成天津曲藝活動繁榮的緣由，天津也因此誕生了一大批曲藝名家。曲藝界素有「北京是出處，天津是聚處」的説法，在天津能站住腳的演員，才能走向全國。南方的許多城

市，都到天津來「邀角兒」。久而久之，在業內就形成了一個不成文的共識，演員要想揚名立萬，一定要到天津演出，讓天津觀眾認可。

天津本土的文化藝術中，楊柳青年畫也是在運河的作用下才產生並發展壯大的。楊柳青是天津的一個地名，位於大運河的沿線。楊柳青地區的年畫產生於明末清初，繁盛時，楊柳青鎮的年畫作坊有 300 多家，做年畫的隊伍有 3000 多人，包括附近的周家莊、李家莊、趙家莊、古佛寺、炒米店等 32 個村莊都在印製年畫，堪稱「家家會點染，戶戶善丹青」。

楊柳青年畫的題材廣泛，種類繁多，在大的類別上，最多見的是娃娃類，比如最出名的《連年有餘》就是一個大胖小子抱著一條魚。還有民俗類、仕女類、民間故事類、神像類等，都是與百姓的生活願景息息相關。

楊柳青年畫的工序非常多，光畫人物的臉部就需要 20 多道程序，製作過程中細膩的筆法、柔和的筆觸都幾乎已經成為年畫的「生產標準」。明清時期，楊柳青年畫所用的宣紙、顏料甚至棕刷等材料工具，都是通過運河由南方運來的。這些材料工具在江蘇、安徽一帶素有生產傳統，其工藝水平在當年是遙遙領先於北方的。可以說，假如沒有大運河如此便利的運輸條件，楊柳青年畫的生產水平肯定會受到限制。

中國傳統的木版年畫除了楊柳青之外，蘇州桃花塢也是鄰運河的市鎮，而像其他幾個著名的年畫基地四川綿竹、開封朱仙鎮等也沒有偏離內河航線。

2006 年，楊柳青年畫被列入國家級非物質文化遺產名錄。如今流經楊柳青古鎮的大運河也已成為世界文化遺產。

宗教傳播與民間信仰

　　山東德州市的北營村有一座蘇祿王墓，這是我國現存的兩座外國君主陵墓之一（另一座是位於南京的浡泥國王墓），也是中國唯一的駐有外國王室後裔守陵村落的異邦王陵。「蘇祿國」即是今天的菲律賓，一個菲律賓的君王為何會客死中國，又安葬於山東德州呢？

　　明永樂十五年（1417 年）秋，蘇祿國東王巴都葛叭答剌率領 340 多人的龐大使團來中國訪問，這是他們在鄭和下西洋之後的回訪。使團在北京受到了永樂皇帝朱棣的親切接見，此後，使團乘船沿京杭大運河南下，準備回國。

　　不幸的是，蘇祿國東王身染風寒，無法治癒，竟然在運河邊的水館驛溘然長辭。永樂皇帝遣使者弔唁慰問，以中國王爺的規格予以安葬，並贈諡號「恭定王」。永樂帝親撰碑文，令東王長子率眾回國繼承王位，王妃及次子、三子等人留下守陵。蘇祿王的這些親眷從此就在德州定居，繁衍生息，在其聚居地形成了一個村子——北營村。

　　顧炎武就曾在《過蘇祿東王墓》一詩中說：「豐碑遙見炳奎

題，尚憶先朝寵日殫。世有國人供灑掃，每勤詞客駐輪蹄。九河水壯龍狐出，十二城荒向鶴棲。下馬一為郊子問，中原雲鳥正淒迷。」

一樁發生在運河上的意外事件，使得一些異族人留居在德州，蘇祿王墓也成為這裏最重要的文物遺跡。蘇祿王墓的墓道旁對稱排列著翁仲、石獅、石虎、石馬、石羊和華表等祭祀石像。東南方向約 100 米處建有御碑亭一座，碑文係永樂皇帝朱棣在東王逝世後的第二年（永樂十六年，1418 年）親撰，原御碑亭被毀，後東王的十六代孫安樹德捐資再建。這位安樹德一直追隨馮玉祥將軍，曾做過師長。東王墓高 4 米，直徑 16 米，墓前祠廟有正殿 5 楹，正中懸東王畫像，東西配殿各 3 楹，大門 3 間，周圍配以長廊。大門內立「蘇祿國東王墓簡介」碑。

蘇祿王信奉伊斯蘭教，故蘇祿國東王墓大殿外的路西亦建有清真寺。東王後裔在此地居住，也將菲律賓的許多生活習俗帶入當地。一直到現在，北營村許多清真小吃仍然十分有名。據說，像烙鍋餅、烙麻醬燒餅之類，都是東王後裔先開始做的。

蘇祿王的後裔也在德州傳播了伊斯蘭文化，而事實上，從明代起，伊斯蘭教在大運河區域的傳播就十分明顯。有著經商傳統的穆斯林沿著運河城鎮經商定居。在明代的兩個都城南京和北京都有穆斯林聚集區，南京有淨覺寺、六合南門清真寺、花牌樓禮拜寺等。在北京則有牛街清真寺、東四清真寺等。在運河沿線的滄州、泊頭、棗莊、濟寧、臨清等地也都建設了一定數量和規模的清真寺。

明代永樂年間（1403-1424 年），水利名臣陳瑄任漕運總兵官督管漕運，清江船廠就是由他倡設的。永樂七年（1409 年），

淮安、臨清創辦清江、衛河二船廠。據《漕船志》記載，「南京、直隸、江西、湖廣、浙江各總里河淺船俱造於清江，遮洋海船並山東、北直隸三總淺船俱造於衛河，大約造於清江者視衛河多十之七」。船廠每年能正常造船 400-700 艘左右，還要修補各類舊船。與這樣的規模相應，造船工匠自然也是數量驚人，有 6000 餘人。這些來自全國各地的工匠，尤其是沿海諸省的工匠，以及在南北漕運線上生活的穆斯林也將伊斯蘭教信仰帶至清江船廠，建起清江古清真寺。與清江的情況類似，在浙東運河沿線也有許多建於明代的清真寺。

沿運河傳播的當然不只是伊斯蘭教。前面我們曾提到過媽祖崇拜在運河沿線的傳播，媽祖主要是海港地區所推崇的保佑出海平安的神靈，但海運與運河在許多時間點和地點上是重合的，做海運的商人，或許也做過內河航運，所以媽祖崇拜也被沿運河的許多地區所接受。宋代杭州艮山的順濟聖妃廟和鎮江的靈惠妃廟就是運河沿岸最早的媽祖廟（天后宮）。元代時，運河河畔已經有了許多媽祖廟，到了明永樂年間（1403–1424 年）禁海運之後，媽祖則幾乎成了運河沿線普遍的信仰。當時在山東張秋的顯惠廟和濟寧天井閘的天妃宮均為官方建設，而在德州等地則有福建商人建造的媽祖廟。海運禁止後，媽祖從海上轉入內陸，也是因為從事海運的商人轉入運河航運，同時將他們的信仰也一併遷移過來。

但是其實，在大運河上也有專門佑護漕運和堤壩安全的神靈，稱「金龍四大王」。如同媽祖的形象是由林默娘的故事轉化而來一樣，金龍四大王也是一個歷史上真實存在的人 —— 南宋文人謝緒。南宋覆亡後，謝緒投水殉國，所以留下忠勇的名

聲，被後世尊為水神。最早記載謝緒生平事跡的是南宋遺民、吳縣（今蘇州市吳中區）徐大焯的《燼餘錄》。書中明確記錄，謝緒為會稽人，「秉性剛毅，以天下自任。咸淳辛未，兩浙大饑，盡散家財賑給之，知宋祚將移，搆望雲亭於金龍山祖隴，隱居不仕……國亡，緒北向涕泣，再拜曰：『生不報效朝廷，安忍苟活。』即草一詩云：『立志平夷尚未酬，莫言心事付東流。淪胥天下誰能救，一死千年恨未休。湘水不沉忠義氣，淮泗自愧破秦謀。苕溪北去通流塞，留此丹心滅寇仇。』吟畢赴水死」。這是對謝緒較為平實的記載，沒有羼入神跡。但是到了明代有了神異化色彩，正統十三年（1448 年）大學士陳文的《重建會通河天井閘龍王廟碑記》，記載濟寧天井閘舊有金龍四大王廟，歲久頹毀，漕運參將湯節率僚屬捐資重修。

謝緒與金龍四大王的形象重合，應該是明中葉以後的事情。明代著名文人徐渭的《金龍四大王廟碑記》中，有明太祖朱元璋在戰事中遇神靈相助而反敗為勝，並詔封「金龍四大王」的故事。此後，明清兩代都將「金龍四大王」列入國家祀典，使之成為官方正統的河神，而他專門的職能就是防洪護堤、保佑漕運平安。

在朝廷、文人、漕軍、運丁和商人的共同擁戴下，金龍四大王在運河沿線的影響不斷擴張，杭州、鎮江、濟寧、聊城等地均建有金龍四大王的「神跡」。如前文所提到的聊城山陝會館中，大殿奉關帝，南殿祀火神，北殿供奉的便是金龍四大王。清代之後，漕運的壓力越來越大，朝廷對漕運的安全也就格外重視，金龍四大王所能起到的安撫作用也就越來越受到統治者的關注，所以他的地位就不斷提高，到了光緒五年（1879 年），金龍四大王

的封號為「顯佑通濟、昭靈孝順、廣利安民、惠浮、普運、護國、孚澤妥疆、敷仁、保康、贊翊宣誠、靈感、輔化、襄猷、溥靖、德庇、錫佑、溥佑、金龍四大王」，疊床架屋，前綴多達 44 個字。

此外，在運河流域廣有影響的神靈還有「碧霞元君」。碧霞元君原是泰山上供奉的女神，隨著運河的繁榮，碧霞元君的形象也出現在許多沿運河城市。中國傳統的宗教信仰具有泛神論與民間宗教的特點，朝廷所倡導的神靈的「職能」也往往是多樣性的，所以在某些沿運河地區的「泰山娘娘廟」裏，也可以看到保佑風調雨順、堤閘安全之類的民間訴求。至於治河保漕的龍王，更是比比皆是，他們是老一輩的神靈，在運河的許多碼頭上，都有官方建設的龍王廟。

運河與明清小說

大運河與中國古代的社會具有一種同構同生的特點。明代之後，運河沿線的許多城市開始繁榮發達，江南一帶還出現了資本主義的萌芽。都市的興起，使得市民文化得以發展。在文學的發展歷史中，明清時期小說佳作大量出現。今天我們再去看明清小說中的佳作，會發現這些作者幾乎都是生活在運河沿線的。

總體上看，明清通俗小說的創作主體主要是京杭大運河沿岸的文人與民間說唱藝人。明代，通俗小說的作者主要出現在江浙一帶。江浙兩省的通俗小說作者又大都出現在江南運河沿岸或與之相鄰地區中，其中以杭州和蘇州最多，像陸雲龍、楊爾曾、周楫、李漁、馮夢龍、袁於令、金聖嘆、毛宗崗、褚人穫等。清代小說作者的地域範圍稍有擴展，但仍是以運河沿線為主。

比如明代的四大奇書中，《水滸傳》的作者施耐庵與《三國演義》的作者羅貫中都曾經在杭州生活過，甚至有學者認為，羅貫中就是杭州人。《西遊記》的作者吳承恩是江蘇淮安人，而作者不可考的《金瓶梅》，除了故事主要發生在山東運河沿岸的城市外，其署名「蘭陵笑笑生」中的蘭陵指的是嶧縣（今棗莊市），

也是運河沿線的城市。清代著名小說的作者中，《儒林外史》的作者吳敬梓 30 多歲就來到南京賣文為生，後客死揚州；《紅樓夢》的作者曹雪芹自幼在「秦淮風月」之地的「繁華」生活中長大，先後在南京、揚州和蘇州等地生活過，後來才隨家人遷回北京。

　　這其實是自然而然的，在明清兩代，京杭大運河沿岸的城市對文人的創作形成了一定的影響，才使得那些故事性較強的小說得以產生。另外，明清小說是在宋元話本的基礎上發展而來的，話本是「說書人」的底本，還具有較強的民間色彩。《三國演義》、《水滸傳》都是經過民間藝人千百次的演繹，才形成了小說的雛形，再由作家創作而成。明清小說拓展了市民生活題材，除了才子佳人的傳統故事外，許多商人成為小說的主角。這是當時社會結構發生某些變化，商人成為新興的社會階層，對於社會生活的作用越來越突出的原因，也是作者生活在商人活躍的市民社會中的原因。當時，在杭州、蘇州、揚州、鎮江、淮安、濟寧、臨清、天津、北京等重要的商業城市中才有這樣的故事，也才有這樣的作家。

　　更典型的例子是馮夢龍編纂的短篇小說集「三言」（《喻世明言》、《警世通言》、《醒世恆言》）。「三言」的某些故事也有較強的民間性，但到了後期，基本上形成了原創性的獨立文學體裁，而且其主要的內容就是市民生活。馮夢龍是蘇州人，參加科舉考試屢屢落第，是一個不如意的文人。他 57 歲那年補了一個貢生，到丹徒縣（今江蘇鎮江）做了 4 年的訓導，後來又去福建壽寧做了 4 年知縣。他長期生活在市民階層中，熟悉當時的商人生活。「三言」120 篇小說中，寫到商人生活和以商人為主人公

的小說有 50 多篇，差不多達到一半。有些甚至具體寫到一些商業活動內部的規律，在今天簡直可以劃分到「財經小說」類型中。

相類似的，「二拍」（《初刻拍案驚奇》、《二刻拍案驚奇》）作者凌濛初籍貫烏程（今浙江湖州），他的父親就是一位出版商，也許正是這個原因，「二拍」中有更多關於商人的小說。他認為當時的社會「以商賈為第一等生業，科第反在次著」。這個觀點在中國傳統的「官本位」社會中是少見的，也說明當時在運河流域特別是江南運河流域中，商人社會地位很高。

還有《金瓶梅》，有學者將《金瓶梅》看成是小說體的《食貨志》，是說作者在不厭其煩地描寫當時市民生活中的享樂。其實《金瓶梅》故事所發生的宋代，市民生活並沒有那麼豐富，但在「蘭陵笑笑生」所身處的明代，就已經是小說中的生活情況了。小說中有西門慶的商業經營，如販鹽、賣生藥、搜集商業信息和兼併小商業點，故事的發生地點是清河（今山東臨清），而不是《水滸傳》裏的陽穀縣（當然，陽穀縣也是靠運河的，只是沒有臨清那麼繁華）。因為有了這條貫穿南北的大運河，西門慶的商業往來及其發展、擴張就有了得天獨厚的條件。類似的還有清初的小說《醒世姻緣傳》，作者把前世姻緣放在了武城縣，武城縣今屬德州，在清代屬於東昌府（今山東聊城），也是運河邊上的一座城市，地接南北的大運河沿岸，給小說的敘述準備了充足的物理空間。

與前面提到的楊柳青年畫一樣，明清小說的創作與運河沿岸城市的繁華有關，小說作品的傳播也與運河提供的便利條件有關。在運河沿線的發達商埠，刻書業也具有相當規模，這給小說的出版發行帶來了極大的便利，也反過來促進了小說的創作。明

代前期，通俗小說的刊刻中心在福建建陽。從明代中期後，通俗小說刊刻中心逐漸轉移到了杭州、蘇州和南京等京杭大運河南運河岸邊的城市。在那時已經出現了商業嗅覺敏銳的書商，一有市場前景比較看好的新作誕生，書商便立即參與其中，傳刻的速度是極快的。比如馮夢龍的小說一經出版，蘇州、南京兩地的書商就競相傳刻，廣泛印行，短短幾年內就不斷重印，因此導致「三言」在當時就有多種版本。用今天的眼光看，馮夢龍的「三言」系列叢書，本身的商業元素就比較多。「三言」的第一部《喻世明言》初刻時名為《全像古今小說》，後來改為《喻世明言》，改名後的特徵更加明顯，對於目標讀者的吸附能力更強，而緊隨其後刊刻的《警世通言》和《醒世恆言》具有續編的特點。用今天的話來說，從一開始發行，就是「IP」。凌濛初的「二拍」緊隨其後，也有跟風出版的特徵。這一切都說明，暢銷圖書的策劃、出版、發行在當時已經頗為成熟。

流淌的史詩

與大運河相關的精神文化遺產遠不止前面所介紹的。中國傳統美學歷來講究天人合一，大運河本來就是一個自然與人工合力，運用工程技術和藝術手段，通過改造地形，因勢利導而形成的航運系統，因此與人的生產創造活動的關係也就更加密切。

自古以來，受到「天人合一」哲理潛移默化影響的我國歷代文人，欣喜地發現了大自然山水風景之美。經過尋訪，人們逐漸揭開這些山水類文化景觀因自然崇拜、山川祭祀所披上的神秘外衣，使它們以賞心悅目的本來面目成為人們的觀賞對象，並使遊覽、觀賞行為逐漸普遍，一時成為社會風尚。千百年來，名山大川無不留下文人墨客的足跡。

唐代著名詩人李白就留下了「五嶽尋仙不辭遠，一生好入名山遊」等詩句，表明了人們「寄情山水」不僅為了遊山玩水，而是一種思想意識，反映出人們永恆的山水情結。各地的山水風光和文化景觀，也往往借助於文化名人的遊覽活動和文學創作而得以彰顯。同時，「寄情山水」的思想也深刻地影響了文學藝術，促成山水文學、山水畫的發展。山水文學包括詩、詞、散文、題

刻、匾聯等。山水詩主要以描寫大地山川的自然景觀和文化景觀為題材，還涉及旅行、送別、隱逸、宦遊、詠懷、弔古等內容，反映出作者的思想境界、精神品格、生活情趣和審美理想。山水散文往往將寫景與抒情相結合，通過對名山大川的實地考察，在所撰寫的遊記中，不僅記述其親歷的山川風物之美，還涉及構成自然風景的成因，並給予它們科學的推斷和評價。山水畫無論是工筆或寫意，都既重客觀形象的摹寫，又能夠注入作者的主觀意志和情感，即所謂「外師造化，中得心源」，確立了我國傳統山水畫的創作準則。

雖然山水類文化景觀中的山水是自然生成的，但是經過人們一代又一代根據各自的審美理想進行的創造性活動，經過傳統文化、地域文化的長期浸潤，山水的文化屬性往往超過了它們的自然屬性。山水風景、山水文學、山水畫、山水園林的同步發展，形成了我國一種獨特的文化現象，即山水文化。我國山水審美觀念的形成經歷了漫長的歷程。從魏晉時代的寄情山水、縱情山水成為時尚，到唐宋時代的山水詩詞、山水繪畫的流行，經歷了山水審美從自覺到成熟的變化，形成了山水美學的基本原理。魏晉以來對山水環境的認識水平不斷提升，表現為依據山形水系和地形地貌的豐富變化，合理安排城市佈局和景觀形象。我國獨特的山水文化成為維繫、傳承與深刻影響古代城市建設山水特質的社會背景，從宮殿園囿的營造，到私家園林的建構，無不與城市、建築密切聯繫。深諳山水之道的古代文人，為官則影響一州一縣，為民則影響一宅一園。江南私家園林精巧優美、淡雅簡樸、寧靜幽遠、自然疏曠，被譽為「凝固的詩」、「立體的畫」，它們像詩一樣含蓄，像畫一樣意遠，體現著古人關於宇宙、歷史、人生

的領悟，具備和諧統一的意境美。山水環境審美意識的覺醒，使人們意識到山水環境不僅可以滿足生產生活中的物質性功能，而且還可以提供文化生活中的精神性功能。唐宋兩代，對山水環境的認識逐漸成熟。特別是宋代以來，人們不但繼續深化對山水環境美學價值的認識，而且探索其科學價值，並對城市選址營建產生深刻的影響。這時期以地形地貌為主要特徵的山水城市格局，更加體現出人類與自然的完美融合。同時，近郊山水名勝更是歷經千百年的經營、篩選、淘汰，既富自然景觀之美，又兼文化景觀之勝，呈現出我國獨特的山水文化體系與中華民族的人格精神。

大運河是水力設施，在古人利用水利的漫長過程中，形成了具有特色的水利文化，也為我們留下了豐富的水利文化遺產和產業類文化景觀。開鑿水利工程的初衷往往是引水灌溉農田，「淤積」與「疏浚」便成為歷朝歷代水利工程建設的主題。在每次的開鑿與疏浚中，民眾都會記住有功人士，以立碑和縣志的形式加以紀念。千餘年的發展變遷中，雖然水利工程的功能在不斷拓展，但是其蘊涵的民本思想卻一直延續至今，每個時代的執政者都將「造福於民」的思想體現在「興建水利」中，從而形成了獨特的水利文化遺產特質。古代水利工程和與之相關的文物，例如鎮水獸、碑刻、水神廟等，這些水利工程遺存主要分佈在野外，與相關歷史建築和自然山水空間格局共同構成獨具特色的水利文化景觀。從產業類文化景觀的角度對水利工程加以再認識，可以發現，它們已經不僅僅是傳統意義上的水利工程，而是一處處始終與城市發展緊密聯繫的文化遺存，從中可以折射出不同時代的經濟、政治、文化、社會等各方面的狀況。因此，水利文化景觀保護對於我國而言是文化遺產保護領域的新課題，是具有理性認

知、科學探索、廣泛合作、公眾參與的保護事業，也是充滿前瞻性、挑戰性、創新精神和活力的保護行動。

比如杭州的西湖，原本是一個自然的生態湖泊，隨著歷史的演進，西湖逐漸成為一個文化形態的湖泊，在我國山水類文化景觀的研究方面具有重要意義。2006年鄭孝燮、羅哲文、周干峙、謝凝高幾位專家的《關於建議優先申報西湖為世界文化遺產的函》中寫道：「西湖是東方文化體系中體現人、自然、文化三者完美結合的極為重要的物質文化遺存。西湖最初得自天然造化，自然賦予了她秀美清雅的獨特美景，歷來為人們所讚賞和稱頌。西湖蘊涵著極為深厚的歷史文化，與其有關的物質遺存和精神遺產可謂難以計數，影響深遠。自然與人文的完美融合使西湖歷來就被視為東方文化的象徵與典範。」兩千年間，人們對西湖的疏浚、治理以及保護、加工，從來沒有中斷過，形成了具有「兩堤三島」的整體格局和「三面雲山一面城」的空間環境特徵。因此，可以說西湖「是文化的結晶，是詩化了的自然」，「西湖的文化屬性遠遠超過了它的自然屬性」。

如果大家認同西湖是「詩化的自然」這一論斷，那我們說大運河這條蜿蜒的長河，是史詩化的自然應該也不會錯的。

既是名川大河，又是水利設施，同時也是歷史與文化的結晶，這就是我們所要描述的大運河。面對運河，詩人們既可以驚異於「一千餘里地無山」，可以欣喜於「策馬春風堤上行」，又可以感嘆「至今千里賴通波」。它是奔湧的，又是寧靜的；是古老的，又是當下的。隨著中國大運河申遺成功，大運河文化遺產保護的全面推進，古老的運河必將再度走進更多人的生活，流淌著民族的血脈，訴說著歷史的滄桑，煥發出青春的光彩。

《馬德里共識》與「文化線路」

2002 年 12 月，文化線路科學委員會在西班牙馬德里召集會議，會議以「與文化景觀相關的文化線路在觀念上與實質上的獨立性」為議題，通過了關於「文化線路」的《馬德里共識》。

《馬德里共識》認為「文化線路」具有非物質的精神屬性和連通古今的可傳承性，首次提出「無形的精神具有內在聯結多種文化要素，以促進文化線路整體性形成」的觀點；同時指出「文化線路」中有形遺產的脆弱性，由於物質遺存多已破壞，或毀之無存，因而「文化線路」中民俗、民間工藝、宗教和文化的傳承扮演著重要角色。

《馬德里共識》特別強調「文化線路」連通古今的生機，不僅指文化線路中物質文化遺產存留至今的意義，更在於歷史文脈與現實溝通互動而注入「文化線路」的文化價值。《馬德里共識》專門指出「文化線路」不同於文化景觀的實質：「文化線路與文化景觀是兩個不同的科學觀念。文化線路以動態性表徵，包括無形的空間動力特徵，這些是文化景觀所不具備的；文化景觀儘管也具有穿越時代的許多特徵，但在本質上更具靜態性和規定

性。通常，文化線路包含許多不同的文化景觀。一處文化景觀在地理語境中不是動態的，也不及文化線路潛在涵蓋的內容廣泛，文化線路可能已經生成並繼續生成許多文化景觀，反之則不可能發生。」

　　在資源利用上，人們只注意「黃金水道」內河貨運量的增長與否，卻很少關心運河文化對生態環境、特色風貌、建築傳統等方面的巨大影響。同時，大運河作為流動著的傳統文脈，承載著千百年的文化積澱，附載在大運河上的兩岸民族民間文化和地方戲曲、民間傳說、民風民俗等非物質文化遺產，也由於缺少詳細調查和保護措施，有逐漸銷聲匿跡的危險。沒有了故事的大運河將逐漸失去魅力。一些地方不注意對文化資源的積極利用，未將城市規劃建設和文化資源保護齊舉並重，沒有樹立長遠戰略眼光來推動線性文化遺產的保護。一些地方為了吸引遊客，在線性文化遺產的保護範圍和建設控制地帶內，大量修建旅遊服務設施，還有的盲目修建索道、滑道、射擊場等設施，以及大量商業網點、賓館、別墅等，超載開發使文化遺產不堪重負，人工化、商業化、城市化的現象十分嚴重，破壞了線性文化遺產的生存環境，引起社會各界的廣泛關注。

運河「申遺」

◎　大運河保護和申報世界文化遺產歷程回顧

　　國家文物局最早關注大運河遺產保護是在南水北調工程啟動的時候。南水北調東線、中線工程在 2003 年進入實質性階段，我們開展了包括大運河在內的文物資源調查。我在全國政協會議上提交了一份《關於在南水北調工程中注重文物保護的建議案》，這個建議案提出了在南水北調工程中要注重包括大運河在內的文化遺產保護。這是在大運河文物保護方面最早的提案。

　　2004 年 3 月，在進行了 3 次大運河全程調研後，我又提交了《關於大運河文化遺產保護亟待加強的提案》。這是關於大運河文化遺產保護的第一個專項提案，對相關工作起到了一定的促進作用。此後，國務院在 2006 年批准了京杭大運河整體成為全國重點文物保護單位，這在確定全國重點文物保護單位的歷史上，是一次前所未有的創新實踐。因為當時長城都沒有整體列入全國重點文物保護單位，僅僅是山海關、嘉峪關、居庸關等一些點和段被納入。

　　2006 年，58 位全國政協委員聯名提交了《應高度重視京杭

大運河的保護和啟動申遺工作的提案》。同年 5 月，全國政協開
展了聲勢浩大的大運河保護與申報世界文化遺產的考察活動，
並在杭州召開了京杭大運河保護與申遺研討會，發表了《杭州宣
言》。由此，拉開了大運河保護與申報世界文化遺產的序幕，大
運河作為一項文化遺產進入了國家的文化視野。

2006 年 11 月 14 日公佈的《世界文化遺產保護管理辦法》，
使國家在世界文化遺產方面有了第一個保護管理的法規性文件，
直接推動了我國世界文化遺產的保護事業。2006 年年底，國家
文物局召開了世界文化遺產工作會議，重設《中國世界文化遺產
預備名單》。根據專家的意見，將京杭大運河擴展為中國大運河
列入了名單，使它進入了申報世界文化遺產的正常程序。後來，
又根據專家的意見，在京杭運河、隋唐運河的基礎上，增加了浙
東運河。

2007 年全國政協十屆五次會議期間，在人民大會堂舉辦了
一次集體採訪，劉楓、舒乙、劉慶柱和我等幾位全國政協委員面
對媒體，進行了大運河保護與申報世界文化遺產的呼籲。在此
基礎上我又牽頭寫了《關於推進大運河世界遺產申報工作的提
案》，40 位委員都簽名支持這項提案。在各方面的支持下，我們
成立了大運河聯合申遺辦公室。辦公室設在揚州，2007 年 9 月
26 日正式揭牌，開啟了大運河沿線城市聯盟的統一行動。大運
河保護與申報世界文化遺產活動在全國各地得到廣泛開展。這
樣，大運河文化遺產保護整體行動在神州大地上蓬勃展開。

全國政協對大運河保護和申報世界文化遺產開展了持續的考
察、調研和研討活動，前後有陳奎元、徐匡迪、李兆焯、孫家
正、羅富和等 5 位全國政協副主席帶隊。我們面對的是一個包括

京杭運河、隋唐運河、浙東運河在內，連接著 3000 多千米、歷經 2500 多年、涉及今天 8 個省和直轄市的 35 個城市的文化遺產資源。考察團對運河沿線城市進行了細緻的考察，聽取地方政府匯報，交流情況和提出建議。2008 年，為促進大運河保護納入法制管理的軌道，我再次提交了《關於盡快制定大運河保護條例的提案》，很多專家都簽名支持這個提案。

2008 年 3 月 23 日，國家文物局主持召開了大運河保護與申遺工作會議，大運河正式進入了申報世界文化遺產工作程序。第一項工作就是編制保護規劃，中國文化遺產研究院承擔了規劃的編制研究工作，包括吳良鏞教授、譚徐明老師等，都參加了規劃編制的評審。2008 年 8 月，經過專家評審會審議通過，確定了大運河遺產保護規劃編制工作分 3 個步驟進行：2009 年 6 月前完成地市級的規劃編制，2009 年 12 月前完成省和直轄市的規劃匯總，2010 年 12 月底完成大運河總體保護規劃編制。一項科學的工作需要一個縝密的設計，一步一步都嚴格按時間按步驟按程序來做，大運河保護規劃的編制就是認真按照計劃如期完成的。大運河第一階段保護規劃編制工作部署以後，35 個城市全部行動起來。2009 年，國務院成立了 13 個部門和 8 個省、直轄市參加的大運河保護和申報世界文化遺產省部級會商小組，每年召開一次工作會議，有力地推動了這項工作的開展。國家文物局多次召開大運河申報世界文化遺產工作會議，在工作進展到各個不同階段，或針對某一個地區出現的重要情況，研究並部署工作。例如，南旺樞紐工程大遺址的保護是關鍵節點，張廷皓先生一直在推動這項工作，使這個節點的工作成為大運河遺產保護工作的一個典範。無錫會議通過了運河遺產保護宣言，進一步對大運河遺

產保護工作發出了號召。

國家及運河沿線各城市秉承民意正式啟動大運河保護和申報世界文化遺產工作以後，各地政府和民眾的保護熱情持續高漲。一些河段兩岸民眾自覺保護運河，參與清理垃圾、打掃運河，出現了「河水清冽，碧波蕩漾，當地人在河邊張網捕魚，聊天嬉戲」的情景。一些運河城市搬遷岸邊企業廠房，整治歷史街區中的不和諧建築。揚州市、蘇州市、無錫市、濟寧市等都在探索與實踐中保住了城市的獨特風貌，凸顯了運河城市的文化魅力，讓文化傳統得以延續，妥善處理了城市發展與運河遺產保護的矛盾。

2014 年 6 月 22 日，中國大運河申報世界文化遺產成功。這意味著大運河的普遍價值、真實性和完整性，以及幾代人為保護這些珍貴遺產所付出的艱苦努力，得到了世界遺產委員會和國際專業諮詢機構的一致認可，在文化遺產保護領域開創了歷史新篇，使人振奮，令人深思。

大運河保護和申遺
為文化遺產事業帶來了什麼

大運河保護和申報世界文化遺產給中國文化遺產事業帶來了什麼？我總結了三點，這三點都表現出實實在在的變化。

◎ 一、文化遺產保護理念和保護範圍的重大變化

大運河是一個涉及千千萬萬家庭、涉及廣大地域的巨型線性文化遺產，所以，大運河的保護理念就是要重視全民的參與，它應該是一項世代傳承的、公眾參與的文化事業。正當大運河保護和申報世界文化遺產起步之時，國務院發佈了《關於加強文化遺產保護的通知》，設立了「中國文化遺產日」，營造出文化遺產保護的良好氛圍和廣大民眾廣泛參與的社會環境。例如國家文物局每年設立文化遺產日主場城市，在杭州、蘇州、寧波、濟寧等城市，開展了一次又一次聲勢浩大的宣傳動員，使大運河申報世界文化遺產行動深入人心，達成共識。揚州從 2007 年開始，持續舉辦世界運河名城博覽會，在國際運河城市和文化遺產保護領域形成廣泛影響。

在對大運河的保護理念、保護範圍方面，我們逐漸形成六個

方面新的認識：一是在保護要素方面，大運河是由文化要素與自然要素相互作用而形成的「文化景觀」；二是在保護類型方面，大運河是靜態與動態共同構成的「活著的、流動著的文化遺產」；三是在保護空間尺度方面，大運河是由點、線、面共同構成的「線性文化遺產」；四是在時間尺度方面，大運河是由古代遺址、近代史跡還有當代遺產共同構成的「文化遺產廊道」；五是在所保護的文化遺產性質方面，大運河包括反映普通民眾生產生活的工業遺產、鄉土建築等「民間文化遺產」；六是在文化遺產的保護形態方面，大運河是由物質要素與非物質要素結合而形成的「文化空間」。大運河保護和申報世界文化遺產中產生的保護理念進步和保護範圍擴展，對全國的文物保護事業有很大的促進。

◎　二、文化遺產保護格局的重大變化

大運河是一個線性文化遺產，但它絕不是一個孤立的文化現象。在保護行動開展之初，我們關注的還僅是京杭大運河，並將其列入全國重點文物保護單位。在開始申報世界文化遺產的時候，又把隋唐大運河納入。隋唐大運河的起點是洛陽，同時申報世界文化遺產的絲綢之路，其起點也是洛陽，這樣就把絲綢之路和大運河在洛陽這個節點上聯繫了起來。之後隨著認識不斷深化，又把浙東運河列入申報世界文化遺產的範圍，紹興、寧波等城市也隨之加入運河沿岸城市中，這又將大運河與海上絲綢之路聯繫起來。由此，這些文化遺產資源形成了橫貫祖國東西，西連沙漠綠洲絲綢之路，東連海上絲綢之路的巨大的民族遷徙、商品貿易和文化交流通道，就有了今天重新佈局的線性和網狀的文化遺產資源分佈。如此氣勢磅礴的文化遺產保護格局，在世界範圍

內史無前例。這樣，結合文化遺產保護的實踐思考，我們的文化遺產保護理念逐漸進步，也使大運河保護的內涵更加深刻，保護的外延更加豐富。

◎ 三、文化遺產保護目標的重大變化

文化遺產保護不僅要求我們盡職盡責、死看硬守、屢敗屢戰，而且要求我們要有更大的追求。什麼樣的追求呢？第一，要使我們保護的對象，每一件或每一處可以移動和不可移動的文化遺產擁有尊嚴；第二，文化遺產保護要成為促進經濟社會發展的積極力量；第三，文化遺產保護成果要惠及廣大民眾。這是從大運河保護實踐中總結出來的文化遺產保護要實現的三個目標。

第一個目標，面對城市化進程加速和大規模城鄉建設的衝擊，大運河沿岸的文化遺產保護應落到實處，使這些古代水利工程、古遺址、古建築、工業遺產、歷史文化街區、歷史文化村鎮擁有尊嚴，成為充滿文化氣息的地方，成為令人流連忘返的美麗地方。

第二個目標，人們生活其中的歷史街區、傳統村落能夠保存下來，並且能夠延續下去。一條條歷史街區、一座座傳統村落在大運河申報世界文化遺產過程中進入國家保護的視野，也推動中國歷史文化街區、中國歷史文化村鎮的保護行動，更促進文化景觀和文物古跡的保護工作。例如，揚州堅守文化理想，一直沒有讓任何一棟突兀的建築侵佔和影響瘦西湖的景觀，使這些文物古跡和文化景觀在城市的發展過程中能夠得到持續而有意義的保護。同時，人們正常的生產和生活活動不應該因為保護而終止，而是應該在文化遺產保護和申報世界文化遺產過程中得到延續。

例如，我們要正確處理文化遺產保護與運河航運、農業生產、居民生活，以及養殖業、種植業、老字號企業的堅守和發展的問題。

第三個目標，大運河的保護應該惠及廣大民眾。千百年來，運河兩岸民眾的生活習俗和已經過慣的和諧生活環境，應該得到保證。我有一組反映運河沿線民眾平凡生活的照片。例如，在這些小街小巷裏，面對老齡化社會而悠閒生活的老人，喝著茶看著書，搧著扇子生著火爐子、晨練舞劍打太極拳；孩子在大運河邊盡情遊戲、結伴上學、逐漸成長等。這些場景應該繼續存在下去，大運河的保護應該能夠切切實實地使人們的生活不斷地改善，使他們優質的生活能夠延續下去。大運河沿岸還有一些傳統技術、非物質文化遺產的繼承，例如剪紙、書法、手工藝，包括勞動人民織的漁網。我們很欣喜地看到，大運河沿線一些城市陸續開始籌備運河文化博物館建設，中國大運河科技館、中國刀剪劍博物館、中國傘博物館、中國扇博物館等，這些活態的傳承展示在大運河沿線成為一道亮麗的風景。

全世界沒有哪個國家年年申報世界文化遺產，更沒有哪個國家年年申報成功，中國在這方面取得了成功，成為名副其實的擁有最多世界遺產的國家。每次申報世界文化遺產成功之後，都伴隨著媒體的集中報道，我們聽到的聲音也是褒貶不一。例如五台山申報世界文化遺產成功以後，有報道說山西省用了5年時間、花了8個億，才使得五台山終於成功申報世界文化遺產。於是，有媒體評論，為什麼花8個億申報世界文化遺產，不申報又能怎麼樣，8個億能蓋多少座希望小學啊。其實大家心裏知道，申報世界文化遺產花不了多少錢，無非是編製一份申報文本，派代

表出席世界遺產大會，但是在中國，每一次申報世界文化遺產，幾乎都伴隨著一場大規模的環境整治，主要是糾正歷史上不重視文化遺產保護的錯誤，因此要加大投入力度。還以五台山為例，申報世界文化遺產的幾十處地點都需要整治環境，其中最嚴重的就是台懷鎮，當時有很多「小門臉兒」把寺廟建築群圍得水洩不通，包括小飯館、小酒館、小洗腳房、小卡拉 OK 廳等，你說僧人怎麼唸經啊。經過整治，把這些都拆除了，「深山藏古剎」的意境又回來了，如此五台山申報世界文化遺產才獲得成功。河南登封「天地之中」歷史建築群申報世界文化遺產過程中，拆遷了少林寺周邊一些雜亂無章的武術學校。西湖申報世界文化遺產雖然沒有伴隨大規模拆遷，但是也付出了極大的努力。申報世界文化遺產，使保護西湖文化景觀成為市民的共識。大家知道，杭州的地價、房價一度高於北京、高於上海、高於深圳，但是城市政府頂住了很多壓力，沒有讓任何一個開發項目進入西湖區域，這不僅是要保護西湖沿岸，而且要保護「三面雲山一面城」的文化景觀。今天，無論漫步蘇堤、白堤，還是泛舟西湖，都看不到任何一棟影響西湖文化景觀的建築。世界遺產委員會對此給予了高度評價，居然全票通過西湖列入《世界遺產名錄》。這一過程十分壯烈，但也成為在快速發展的大城市中心區申報世界文化遺產的成功範例，並反映出保護文化遺產的強大力量。保護文化遺產只要形成社會共識，就能夠創造奇跡。

我們需要冷靜地考慮每一處世界文化遺產申報成功以後的持續行動。還以杭州西湖為例，世界文化遺產申報成功以後，第一個動作不是召開旅遊發展大會，而是揭牌成立西湖世界文化遺產監測管理中心。因為我們心中明確一點，申報世界文化遺產成

功，不是最終的目標，而是更艱巨的保護行動的開始。世界文化遺產是人類共同的文化遺產，保護好人類文化遺產，我們才能擁有未來，才能創造更加美好的未來。

策劃編輯	梁偉基
責任編輯	許正旺
書籍設計	道　轍
書籍排版	何秋雲

書　　名	**流動的血脈 —— 大運河文化透視**
著　　者	單霽翔
出　　版	三聯書店（香港）有限公司
	香港北角英皇道 499 號北角工業大廈 20 樓
	Joint Publishing (H.K.) Co., Ltd.
	20/F., North Point Industrial Building,
	499 King's Road, North Point, Hong Kong
香港發行	香港聯合書刊物流有限公司
	香港新界荃灣德士古道 220-248 號 16 樓
印　　刷	美雅印刷製本有限公司
	香港九龍觀塘榮業街 6 號 4 樓 A 室
版　　次	2022 年 6 月香港第一版第一次印刷
規　　格	大 32 開（140 × 210 mm）224 面
國際書號	ISBN 978-962-04-4816-4